基于深度学习及图像处理的沥青路面裂缝检测方法研究

尹 超 钱 璞 李龙龙 马保成 唐港庭 著

科学技术文献出版社
·北京·

图书在版编目（CIP）数据

基于深度学习及图像处理的沥青路面裂缝检测方法研究 / 尹超等著. —北京：科学技术文献出版社，2024.3（2025.1重印）
ISBN 978-7-5235-1169-5

Ⅰ.①基… Ⅱ.①尹… Ⅲ.沥青路面—路面开裂—目标检测—图像识别 Ⅳ.① U416.217

中国国家版本馆 CIP 数据核字（2024）第 051122 号

基于深度学习及图像处理的沥青路面裂缝检测方法研究

策划编辑：秦　源　责任编辑：丁芳宇　秦　源　责任校对：张永霞　责任出版：张志平

出　版　者	科学技术文献出版社
地　　　址	北京市复兴路15号　邮编　100038
编　务　部	（010）58882938，58882087（传真）
发　行　部	（010）58882868，58882870（传真）
邮　购　部	（010）58882873
官　方　网　址	www.stdp.com.cn
发　行　者	科学技术文献出版社发行　全国各地新华书店经销
印　刷　者	北京虎彩文化传播有限公司
版　　　次	2024 年 3 月第 1 版　2025 年 1 月第 2 次印刷
开　　　本	710×1000　1/16
字　　　数	130千
印　　　张	9.25　彩插10面
书　　　号	ISBN 978-7-5235-1169-5
定　　　价	39.00元

版权所有　违法必究

购买本社图书，凡字迹不清、缺页、倒页、脱页者，本社发行部负责调换

前　言

党的二十大报告明确指出要加快交通强国建设，我国道路网建设将进入一个全新的发展阶段。与此同时，大规模的道路建设为道路病害检测以及养护工作带来了巨大的压力和挑战。其中，裂缝类病害是道路运营初期最主要、最常见的病害之一，但传统人工道路裂缝检测方式效率低、主观性强且阻碍交通，已经无法满足当前我国公路建设发展的需求。

本书提出了一种基于深度学习及图像处理的沥青路面裂缝检测方法。

（1）构建了沥青路面裂缝图像数据集，通过驾车拍摄和细节拍摄两种方式采集路面裂缝图像，将采集图像通过旋转变换、镜像翻转、亮度变换，以及噪声扰动等方式进行增广，并使用 LabelImg 标注软件对数据集图像中的病害区域进行标注。

（2）构建了改进 GoogLeNet 图像分类模型，改进方法包括删除 LRN 层、使用连续小卷积核替换大卷积核、采用平均池化层代替全连接层、加入 BN 层及 Dropout 层，并通过设计正交实验确定了 6 个 Inception 模块、无辅助分类器，以及 ReLU + Leaky ReLU 激活函数的最佳模型组合。测试实验结果表明，相较于原模型，改进模型的准确率提升了 5.2%，总耗时减少了 27.6 min（40.4%），并且模型收敛速度也有了明显提升。

（3）构建了改进 YOLOv5s 目标检测模型，改进方法包括使用 K-means ++ 算法重新聚类裂缝数据集锚框、在模型的 Prediction 部分添加 CBAM 注意力模块、采用 CIoU_Loss 函数作为模型损失函数，并通过消融实验证明了各项改进方案的合理性。改进模型与原模型对比实验结果表明，改进模型的 mAP@0.5 和 mAP@[0.5:0.95] 相较于原模型分别提升了 12.26%、13.36%。

（4）提出了 GoogLeNet + YOLOv5s "先筛分后定位" 的检测方法，实验结果表明该方法在面对含有大量干扰因素的复杂路面情况时，能够在一定程度上提升模型对于复杂路面的裂缝检测精度，其 mAP@0.5 相较于 YOLOv5s 原模型与改进模型分别提升了 15.45%、3.19%。

（5）提出了一种基于图像处理的沥青路面裂缝分割提取方法，主要通过图像灰度化、直方图均衡化、分段线性变换、中值滤波、Sauvola 二值化，以及连通域阈值等方法进行裂缝轮廓提取，通过标定物法计算像素面积与实际面积之间的放大倍率，通过 Zhang-Suen 细化算法进行沥青路面裂缝骨架提取，通过连通域阈值法对裂缝骨架图像进行毛刺剔除，最后，通过裂缝轮廓提取图像和裂缝骨架图像计算裂缝的实际面积、宽度、块度，以及长度等物理参数。

（6）通过构建沥青路面裂缝检测系统来串联、整合并调用前文研究成果，实现沥青路面裂缝的自动化检测。

本书是课题组集体智慧的结晶，课题组成员来自山东理工大学、榆林胜通路桥设计有限公司、西安科技大学、龙口市住房城乡建设局等单位。全书由尹超统稿，第 1 章至第 4 章由尹超执笔，第 5 章由钱璞、李龙龙执笔，第 6 章由马保成、唐港庭执笔，第 7 章由唐港庭执笔。

本书是在山东省智慧交通重点实验室开放课题"基于探地雷达大数据与改进卷积神经网络的沥青路面深度病害智能探测"的资助下完成的。

由于著者水平有限，疏漏在所难免，欢迎广大读者批评指正。

著者

2023 年 11 月

目 录

第一章　绪　论 ·· 001

　一、研究背景及意义 ·· 001

　二、国内外研究现状 ·· 002

　　（一）路面裂缝检测技术研究现状 ···························· 002

　　（二）深度学习及图像处理技术的研究现状 ···················· 004

　三、研究现状总结 ·· 008

　四、主要研究工作及章节安排 ···································· 009

　五、技术路线图 ·· 010

第二章　数据集的构建 ·· 011

　一、沥青路面裂缝类型 ·· 011

　二、图像采集 ·· 013

　　（一）路面图像采集方式 ···································· 013

　　（二）图像采集记录 ·· 017

　三、图像增广 ·· 018

　四、图像标注 ·· 020

　五、本章小结 ·· 021

第三章　图像分类模型 ·· 022

　一、图像分类模型选取 ·· 022

　　（一）经典图像分类模型 ···································· 022

　　（二）图像识别模型对比 ···································· 026

二、GoogLeNet 改进方案 …………………………………… 026
三、改进 GoogLeNet 模型结构 ……………………………… 029
 （一）实验参数及评价指标 …………………………… 029
 （二）正交实验设计 …………………………………… 031
 （三）改进 GoogLeNet 结构图 ……………………… 035
四、改进 GoogLeNet 模型测试 ……………………………… 036
五、本章小结 ………………………………………………… 037

第四章　目标检测模型 …………………………………… 038

一、经典目标检测模型 ……………………………………… 038
 （一）两阶段目标检测模型 …………………………… 038
 （二）一阶段目标检测模型 …………………………… 040
二、改进 YOLOv5 …………………………………………… 044
 （一）实验参数及评价指标 …………………………… 044
 （二）锚框改进 ………………………………………… 046
 （三）注意力机制 ……………………………………… 051
 （四）损失函数 ………………………………………… 055
三、改进 YOLOv5s 测试 …………………………………… 058
四、GoogLeNet + YOLOv5s ………………………………… 069
五、本章小结 ………………………………………………… 074

第五章　裂缝分割提取 …………………………………… 075

一、沥青路面裂缝图像常见噪声 …………………………… 075
二、图像灰度化 ……………………………………………… 078
三、直方图均衡化 …………………………………………… 079
四、图像灰度变换 …………………………………………… 081
 （一）图像灰度线性变换 ……………………………… 081
 （二）图像灰度非线性变换 …………………………… 082
 （三）图像灰度分段线性变换 ………………………… 083

五、图像平滑滤波 ·· 085
　　　　（一）均值滤波 ·· 085
　　　　（二）高斯滤波 ·· 086
　　　　（三）中值滤波 ·· 087
　　六、图像二值化 ·· 089
　　　　（一）全局阈值法 ······································ 090
　　　　（二）局部阈值法 ······································ 091
　　七、裂缝区域提取 ··· 092
　　　　（一）数学形态学方法 ································ 092
　　　　（二）裂缝区域提取方法 ···························· 094
　　八、裂缝实际特征参数计算 ·································· 099
　　　　（一）裂缝实际面积计算 ···························· 099
　　　　（二）裂缝实际宽度计算 ···························· 103
　　　　（三）裂缝实际长度计算 ···························· 105
　　　　（四）网状裂缝块度计算 ···························· 108
　　九、图像处理示例 ··· 109
　　十、本章小结 ··· 110

第六章　裂缝检测系统的构建 ······························· 112
　　一、系统开发环境 ··· 112
　　二、系统设计 ··· 113
　　三、系统具体应用界面 ······································· 114
　　四、裂缝检测系统实际应用 ································· 117
　　　　（一）路面裂缝破损率评估 ························· 117
　　　　（二）系统应用 ··· 118
　　五、本章小结 ··· 122

第七章　总结与展望 ·· 123
　　一、研究总结 ··· 123

二、主要创新点 …………………………………………………… 124
三、问题展望 ……………………………………………………… 125
参考文献 ………………………………………………………… 126

第一章 绪 论

一、研究背景及意义

道路网的发展建设对国家繁荣富强有着重大意义，它是国民经济建设的重要支撑，也是社会稳定发展的重要保障，并且随着我国城市化进程的不断加快，道路网建设程度已经成为衡量一个地区整体发展水平的重要指标之一。2021年12月18日，交通运输部根据十三届全国人大四次会议对我国道路网建设的要求，印发了《公路"十四五"发展规划》，明确了"十四五"时期我国道路网的建设任务；2022年10月，党的二十大报告中指出，要加快建设交通强国；与此同时，随着"一带一路""乡村振兴""脱贫攻坚""西部大开发""四好农村路""绿色出行行动计划""循环经济"等政策的不断推进，我国道路网建设将在国家政策的支持下进入一个全新的发展阶段，但同时也意味着我国道路网建设将面临更高的要求和更大的挑战。

道路网的发展建设离不开对道路的病害检测与养护，及时发现病害并进行科学养护，对延长道路使用寿命、降低全寿命周期成本有重要作用。由于受到交通荷载、使用时间、施工缺陷，以及自然因素（如光照、降水、温度等）等影响，道路会产生各种病害，若不及时处理会对道路使用寿命和车辆行驶安全造成巨大威胁。其中，裂缝类病害是道路运营初期最主要、最常见的病害之一，如何对已建和新建道路的裂缝病害进行及时、准确检测已经成为我国公路行业的重要研究方向之一。

当前，道路裂缝检测工作还是以封闭交通进行人工实地测量作为主要方式，这种传统的道路病害检测方式效率较低、主观性强、阻碍交通，已经无法满足当前我国公路建设发展的需求。因此，探索一种智能化、标准化、便捷化的路面裂缝检测方法既是满足交通运输量增长的需要，也是信息化建设的大势所趋。虽然路面裂缝自动化检测和提取自20世纪80年代已经开始了广泛的研究，但道路环境复杂多变、裂缝病害形态各异，传统的裂缝图片识别技术在面对质量不一的图片和复杂的道路场景（如存在光线、路标线、油污、积水、阴影、车道线、杂物等不可控干扰因素）时仍存在诸多局限。

近年来，随着深度学习（Deep Learning，DL）技术、图像处理技术，以及高性能硬件设备的不断发展更新，利用深度学习模型进行图像识别检测已经在国际范围内取得了突破性进展。目前，人工智能领域应用最广的深度学习模型主要包括：卷积神经网络（Convolutional Neural Networks，CNN）[1]、深度置信网络（Deep Belief Network，DBN）[2]、自动编码网络（Auto-Encoders，AE）[3]，以及稀疏编码网络（Sparse Coding，SC）[4]等。本书针对横向裂缝、纵向裂缝、块状裂缝，以及龟裂，提出一种基于深度学习和图像处理的沥青路面裂缝检测方法，为沥青路面裂缝的检测、防治，以及道路全寿命周期成本的降低提供直接、定量的依据。

二、国内外研究现状

（一）路面裂缝检测技术研究现状

传统路面裂缝检测方法主要通过三米直尺与人工目测相结合来记录病害的位置、损害程度等信息，这种方法效率较低、主观性强、阻碍交通，并且容易出现漏检、错检，已经无法满足当前公路建设发展的需求。近年来，随着探地雷达[5]、超声波检测[6]、光纤传感器[7]、三维激光扫描[8]等物理检测技术及系统的发展，国内外部分学者将其应用到裂缝检测中，并取得了一定成果。

1. 探地雷达技术

郭士礼等将探地雷达应用于道路隐性病害类型识别中，定位其空间位置、地下深度、病害范围和轮廓走向，并对病害等级和损坏程度进行评估[9]；Mehran 等提出了一种利用探地雷达自动检测路面裂缝的方法，可以较好地识别沥青路面中的裂缝，并在裂缝宽度检测方面有着较高的准确率[10]。

探地雷达技术具有无损、快速、高效等特点，但也面临着受周围环境杂波干扰严重、前期勘探工作较复杂、受不均匀介质影响大、探测深度较大时分辨率较差等问题，应用具有一定局限性。

2. 超声波检测技术

苏忠高等采用超声波时距检测法对地面 50 mm 以下的裂缝进行无损检测，实验结果表明，该方法得到的裂缝深度误差小于 5%[11]。Sampath 等基于深度学习模型和高阶谱分析法提出了 LSTM-TS 疲劳裂缝检测方法，并验证了该方法在噪声环境下检测的有效性[12]。

超声波检测技术对于实体结构内部的微小缺陷具有良好的检测效果，若病害的整体面积或内部空洞过大可能会出现检测失真，并且由于道路检测环境的复杂性，超声波在传导过程中容易受到干扰，导致记录时产生较大误差，影响检测结果的准确性。

3. 光纤传感器技术

包腾飞等基于光纤宏弯损耗理论提出了一种大量程裂缝传感器，通过对该传感器进行应用测试，证明该传感器可对混凝土结构裂缝发展情况进行持续性监测[13]；杨杰等根据传感器灵敏度和量程在不同情况下的要求，基于弯曲损耗原理改进了光纤裂缝传感器，实验结果表明，该传感器可实现对混凝土结构裂缝发展情况的长期稳定监测[14]。

光纤传感器具有轻质、抗拉、耐高温、抗电磁干扰等特点，但道路裂缝检测需要长期跟踪，重新布设传感器的过程复杂且费时费力，而寿命较长的特殊光纤成本较高，难以广泛应用。

4. 三维激光扫描技术

李清泉等提出了基于三维断面扫描的路面破损检测技术，并通过室内实验对比和室外公路实测，证明了该技术具有较强的适用性和较高的识别精度[15]。司梦元等利用三维激光扫描技术获取路面点云数据，并通过建立路面数字化模型获取路面变形区域和变形量，实现对路面的变形监测[16]。

三维激光扫描技术准确度高、扫描范围大、检测信息处理效率高，但是该技术可检测的病害类型有限，对各种软件依赖性较强，且在设备使用、软件更新、后期维护等方面成本较高。

5. 路面病害检测系统

随着路面病害检测技术的不断发展，国内外学者陆续开发出了诸多路面病害检测系统，如日本的 KOMATSU 系统、瑞典的 PAVUE 系统，此类系统利用反光材料反射光线进行病害检测，只能在夜间检测且检测速度缓慢；又如美国的 Path-Runner 多功能道路检测车、加拿大的 ARAN 系统，以及国内的 CiCS 多功能快速检测车和 ZOYON-RTM 智能道路检测系统，此类系统售价高昂，目前多用于新建项目竣工验收、工程实验和科研教学等业务。

目前已开发出的多功能路面病害检测系统售价高昂，且后期使用、更新、维护成本较高，难以推广应用到日常的道路裂缝检测工作中。

（二）深度学习及图像处理技术的研究现状

随着大数据、云计算，以及高性能硬件设备的不断更新发展，人工智能已经成为未来计算机技术发展趋势,并且多个国家将其列为重大发展战略之一。当前,基于深度学习的沥青路面裂缝检测技术主要涉及图像分类、目标检测、图像分割,而图像处理技术也被广泛应用于路面裂缝图像的分割提取。

1. 图像分类技术

20世纪80年代,LeCun首次使用LeNet进行手写数字的识别,预示着卷积神经网络时代来临[17];2006年,Hinton等提出"逐层初始化"克服了训练难点,推动了深度学习的发展[18];2012年,Krizhevsky提出了AlexNet,并在ILSVRC(ImageNet Large Scale Visual Recognition Challenge)竞赛中夺得了冠军,掀起了新一轮基于深度学习的人工智能研究热潮[19];2014年,牛津大学的Visual Geometry Group团队在AlexNet的基础上提出了VGG网络,该网络采用的小卷积核有利于减少计算量[20];2014年,谷歌公司提出了GoogLeNet,该网络中独特的Inception模块大大提高了参数利用率,夺得了当年ILSVRC的冠军[21];2015年,He等提出了残差网络(Residual Network,ResNet),解决了网络深度带来的训练困难问题,有着较好的准确度和精度,并在当年的ILSVRC竞赛和COCO竞赛中夺得冠军[22]。

近年来,在深度学习技术取得飞跃式发展的背景下,图像分类技术在图像数据智能处理领域取得了较好的效果,并在航空遥感、人脸识别、无人驾驶、海洋遥感、作物分类等诸多领域有着良好的应用前景。目前,已有部分学者将其应用于道路裂缝检测,如陈健昌等基于ResNet提出了一种路面裂缝自动检测方法,该方法能大量减少前期图像预处理工作,并且实验结果表明该方法各项评估指标均优于现有模型[23];Rajadurai等采用随机梯度下降和动量优化法训练改进AlexNet模型,实验结果表明,该方法对混凝土表面裂缝的识别有着较高的准确率[24];封筱等以改进AlexNet、VGG16、ResNet50为基础,提出了一种沥青路面裂缝识别方法,该方法大大减少了沥青路面裂缝漏检的情况[25]。

2. 目标检测技术

（1）两阶段目标检测模型

Girshick 于 2013 年提出了 Region CNN（R-CNN），首次将深度学习技术成功应用到目标检测中[26]；针对 R-CNN 重复计算和输入图片大小固定的问题，He 等于 2014 年在 R-CNN 的基础上提出 SPP-Net，检测速度提高了约 38 倍[27]；在 R-CNN 和 SPP-Net 的基础上，Girshick 等于 2015 年提出了检测速度更快、准确率更高的 Fast R-CNN[28]；Ren 等于 2015 年设计了区域生成网络，提出了第一个端到端的检测算法 Faster R-CNN[29]；He 等于 2017 年提出了 Mask R-CNN 模型，在 Faster R-CNN 中增加了并行的 mask 分支，并将原有的 RoI Pooling 层替换成 RoI Align 层，使得特征图像和原始图像的像素对齐更加精准[30]。

部分学者基于两阶段目标检测模型开展了道路裂缝检测研究，如 Sekar 等提出了一种基于 Faster R-CNN 的道路裂缝检测新方法，实验结果表明，该方法在自制数据集上的检测准确率优于现有方法[31]；张跃飞等提出一种基于改进 Mask R-CNN 的路面裂缝检测算法，该算法为改进的损失函数赋予了一定权重，提高了模型对裂缝细节的特征提取能力[32]；Tran 等提出了沥青路面裂缝检测和严重程度分级的两步自动化流程，先使用 Mask R-CNN 检测和识别各类裂缝，最后采用图像处理技术确定裂缝的严重程度[33]。

（2）一阶段目标检测模型

为了解决检测实时性的问题，SSD[34-35]和 YOLO 系列[36-37]等基于位置回归的一阶段目标检测算法被相继提出。2015 年，Redmon 等提出的 YOLOv1 检测速度较快，但检测精度低于同年的 Fast R-CNN[38]；2016 年，Redmon 等提出的 YOLOv2，相比 YOLOv1 检测速度更快[39]；同年，Liu 等提出的 SSD 在保证检测速度的同时，提高了对小目标的检测效果[40]；2018 年，Redmon 等提出的 YOLOv3 采用了特征金字塔网络（Feature Pyramid Networks，FPN）架构和残差模型，检测效果更好且速度更快[41]；2020 年，Bochkovskiy 提出的 YOLOv4 采用路径聚合网络（Path Aggregation

Network，PAN），提高了模型检测精度[42]；同年，Jocher 提出的 YOLOv5 采用了 Mosaic 数据增强、Focus 模块、Cross Stage Part（CSP）模块及 Spatial Pyramid Pooling（SPP）模块等，提高了检测速度及精度[43]。

部分学者利用一阶段目标检测模型开展了路面裂缝检测研究，如 Su 等基于 YOLOv5 提出了一种利用街景图像采集路面裂缝的方法，并在自制数据集上取得了较好的效果[44]；Han 等提出一种基于 SSD 的路面裂缝自动检测方法，该方法在原始图像不进行任何预处理的情况下，仍具有较好的检测效果[45]。

两阶段目标检测模型虽然检测精度较高，但检测速度较慢，难以满足实时检测要求。而一阶段目标检测模型大大提高了目标检测速度，但检测精度相较于两阶段目标检测算法还有一定差距。

（3）基于深度学习的图像分割技术

基于区域分类的图像分割方法对小目标和背景复杂的图像识别率较低，分割精度及速度都有待提高，针对该问题，部分学者提出了基于像素分类的图像分割方法，该方法主要包括基于全卷积神经网络、优化卷积结构、循环神经网络，以及生成对抗网络的全监督语义分割方法[46]，此类方法在模型训练阶段需要对裂缝数据集进行像素级标注，过程复杂且浪费时间。而弱监督语义分割方法采用图像级标注、边框级标注、涂鸦级标注，以及混合标注等弱标注方法[47]，大大减少了标注时间，但也损失了一定精度。

（4）基于图像处理的裂缝分割技术

近年来，随着图像处理算法的不断更新发展，部分学者通过图像增强算法来消除裂缝图像噪声、突出裂缝特征信息，从而降低裂缝分割难度。如卢小平等提出了一种采用灰度化、直方图均衡化、中值滤波、迭代二值化等方法对图像进行处理的路面裂缝检测方法，实验表明，该方法对于道路裂缝有着较好的检测效果[48]；Zhang 等提出了一种基于自动脊波变换的图像增强算法，实验表明，该方法能够显著增强道路裂缝图像整体和局部的对比效果[49]；Liu 等提出了一种融入小波变换的改进多尺度 Retinex 图像增强算法，实验表明，该算法能够有效去除图像阴影并增强裂缝特征信息[50]；李帅等首先采用全局阈值二值化对裂缝图像预处理，并通过开、闭运算去除噪声，其次通过膨胀、细化运算修补裂缝，最后通过边缘检测算法提取裂缝[51]。

三、研究现状总结

（1）当前在道路裂缝检测方法上，还是以封闭交通进行人工实地测量为主要方式，这种传统的道路裂缝检测方式效率较低、主观性较强，并且容易漏检、错检，而探地雷达、三维激光扫描仪、光纤传感器，以及超声波检测仪等设备价格昂贵，并且对于路面裂缝检测来说，以上设备各自存在一定的应用局限性。因此，需要一种既能满足裂缝检测准确度和速度要求，又能实现采集设备低成本、轻量化、便捷化的路面裂缝检测方法。

（2）公开可获取的沥青路面裂缝数据集的数量及各个数据集中图像数量较少，此类数据集中较为常用的 Crack Forest Dataset（CFD）数据集[52]只包含 118 张图像，而最大的 Crack500 数据集[53]也只包含 3368 张图像，并且各个数据集图片像素、质量参差不齐，难以满足现阶段模型训练需求。

（3）基于经典深度学习模型的路面裂缝检测方法在面对一些细小裂缝或复杂路面环境（如存在阴影、强光、杂物、车道线、路面积水等干扰因素）时的检测速度和精度还有较大提升空间。

（4）基于深度学习的全监督语义分割方法在模型训练阶段需要对数据集进行像素级标注，过程复杂且浪费时间，弱监督语义分割方法虽然节省了数据集标注时间，但其标注效果及检测精度难以满足要求，而基于图像处理的裂缝分割提取方法容易受到光线、采集设备、沥青集料间隙等因素的影响，导致裂缝特征信息和细节信息不够突出，背景区域信息强于裂缝区域信息，从而影响裂缝提取效果。

（5）裂缝类病害的损坏程度评价指标通过路面裂缝破损率（Distress Ratio，DR）来反映，但目前基于深度学习及图像处理的路面裂缝检测研究仅处于识别、定位和分割阶段，无法对路面裂缝破损率的计算做出贡献。同时，基于深度学习及图像处理的沥青路面裂缝检测工作主要包括裂缝图像收集、裂缝识别分类、裂缝目标检测、裂缝分割提取、检测结果分析等步骤，各环节密切相关。因此，需要一个方便快捷且具有高性价比的沥青路面裂缝检测系统将各个检测步骤紧密联系，并实现路面裂缝破损率计算的人机交互。

四、主要研究工作及章节安排

本书分为七章，各章内容如下。

第一章：绪论。首先介绍了沥青路面裂缝检测研究的背景、意义，以及国内外研究现状；其次介绍了图像分类技术、目标检测技术等技术在沥青路面裂缝检测中的应用；最后对研究现状进行了总结，并对研究过程中发现的问题进行了分析与展望。

第二章：数据集的构建。主要介绍了沥青路面裂缝图像数据集的构建过程，包括路面图像采集方案的制定、采集图像的增广、路面裂缝图像的标注等。

第三章：图像分类模型。主要介绍了经典图像分类模型，以及GoogLeNet模型的改进方案、正交实验设计、改进测试。

第四章：目标检测模型。主要介绍了经典目标检测模型，以及YOLOv5s模型的改进方案、消融实验和对比实验，并提出了GoogLeNet + YOLOv5s "先筛分后定位"的检测方法。

第五章：裂缝分割提取。针对沥青路面裂缝图像存在的噪声类型，介绍了空间域图像增强方法、裂缝区域提取方法、裂缝骨架提取方法、裂缝骨架图像毛刺剔除算法，以及裂缝特征参数计算方法。

第六章：裂缝检测系统的构建。主要介绍了沥青路面裂缝检测系统的开发环境、设计及应用界面，并进行了裂缝检测系统的实际应用展示。

第七章：总结与展望。对研究工作进行了总结，并对研究过程中发现的问题进行了分析与展望。

五、技术路线图

本书的技术路线如图1-1所示。

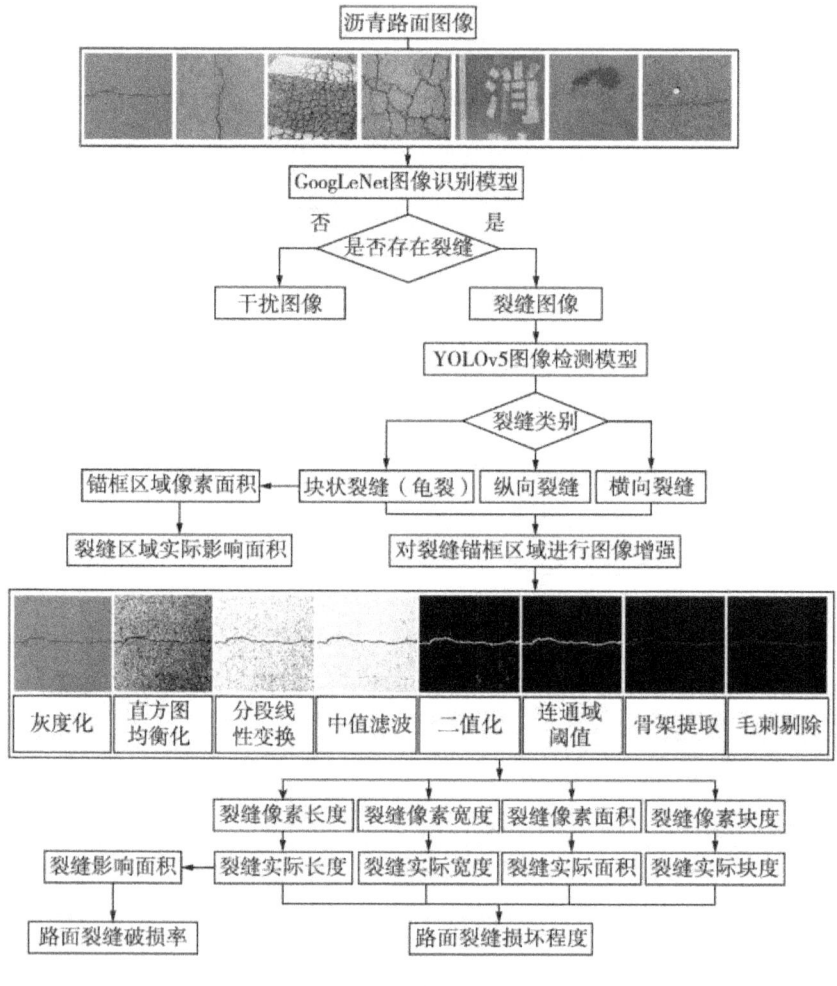

图1-1 技术路线

第二章 数据集的构建

目前,公开可获取的沥青路面裂缝数据集数量较少,并且各个数据集中图像的数量也难以满足深度学习模型的训练需求。沥青路面裂缝数据集中,较为常用的 CFD 数据集只包含 118 张图像,而最大的 Crack500 数据集也只包含 3368 张图像,并且各个数据集中图片质量参差不齐,难以满足现阶段模型训练需求。针对该问题,本书通过沥青路面图像采集、图像裁剪、图像增广、图像标注等步骤,建立沥青路面裂缝数据集。

一、沥青路面裂缝类型

在《公路技术状况评定标准》(JTG 5210—2018)中,沥青路面损坏类型共有 11 个大类、21 个中类。其中沥青路面裂缝类病害共四大类,包括横向裂缝、纵向裂缝、块状裂缝和龟裂[54],如图 2-1 所示。

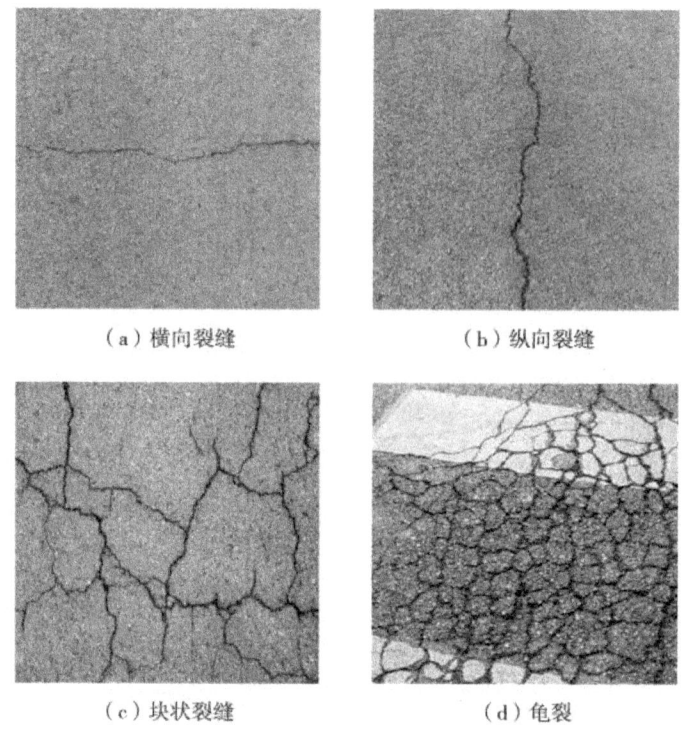

(a) 横向裂缝　　　　　(b) 纵向裂缝

(c) 块状裂缝　　　　　(d) 龟裂

图 2-1　裂缝类型

横向裂缝如图 2-1（a）所示，裂缝走向基本与行车道方向垂直，长度各异并且可能会产生许多细小分支。纵向裂缝如图 2-1（b）所示，裂缝走向基本与行车道方向平行，相较于横向裂缝，纵向裂缝一般较长且直，也可能会有一些细小分支。块状裂缝及龟裂大多是由横向、纵向，以及一些方向不固定的裂缝交叉组成，整体呈现网状、块状、不规则状。在一个裂缝块中，裂缝块边缘各点连线最长值称为裂缝块度，主要裂缝块度大于等于 0.5 m 为块状裂缝，如图 2-1（c）所示，主要裂缝块度小于 0.5 m 为龟裂，如图 2-1（d）所示。

当块状裂缝与龟裂块度相差较小时，在图像视觉上几乎没有差异，根据《公路技术状况评定标准》（JTG 5210—2018），这两种裂缝在自动化检测中的路面损坏换算系数相同。因此，本书在数据集标注及裂缝识别定位时，将龟裂归类于块状裂缝中。

二、图像采集

(一) 路面图像采集方式

沥青路面裂缝数据集的建立需要大量路面裂缝图像,本书采取驾车录像以及细节拍摄两种图像采集方式,分别对不同类型的路段进行路面图像采集。

1. 驾车录像采集方式

驾车录像过程中采集设备布设方式如图 2-2 所示。

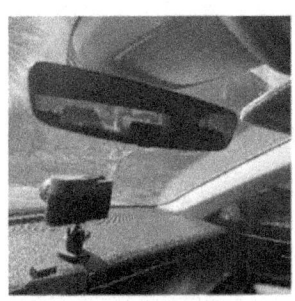
(a) 车内拍摄

(b) 车头布设(正)

(c) 车头布设(侧)

(d) 车尾布设(正)

(e) 车尾布设（侧）

(f) 车门布设（侧）

(g) 车门布设（正）

(h) 车门布设高度

图 2-2　采集设备布设

使用高清行车记录仪与摄像机共同进行车内拍摄，如图 2-2 (a) 所示；使用车载相机支架将摄像机固定于车身四周（车头、车尾，以及两侧车门附近）进行车外拍摄，如图 2-2 (b) 至图 2-2 (h) 所示。

当摄像机固定于车门附近拍摄旁侧行车道图像时，应将摄像机架设在离地高度约 1 m 的位置，并调整摄像机焦距及摄像机轴线与地面的夹角（40°～60°），使得路面图像采集宽度不小于行车道宽度的 70%。以城市行车道宽度为 3.5 m 计算，拍摄范围内的行车道宽度应不小于 2.45 m，如图 2-3 所示。驾车录像以 1 km 为基本采集单元，按照 30～50 km/h 的平均速度沿采集路段行驶，并根据路况调整行驶速度（最大速度不超过 60 km/h），采集结束后将录制的视频导出并进行视频取帧，筛选出满足要求的路面裂缝图像，删除重复或不满足要求的图像。

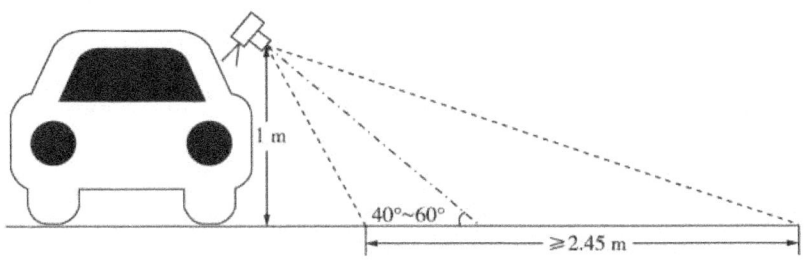

图 2-3　侧面布设摄像机采集示意

2. 细节拍摄采集方式

目前,基于深度学习的裂缝图像检测方法在面对一些细小裂缝或复杂路面环境(存在阴影、强光、杂物、车道线、路面积水等干扰)时,裂缝图像检测准确率较低。针对上述问题,本书在路面图像采集时进行了细节拍摄,以提高数据集的丰富程度,从而增强模型的泛化能力。细节拍摄具体方案为:使用摄像机和手机分别在不同角度、不同焦距,以及不同光照条件下,分别对包含阴影、水渍、车道线,以及杂物等干扰因素的路面裂缝进行细节拍摄,部分细节拍摄示例如图 2-4 所示。

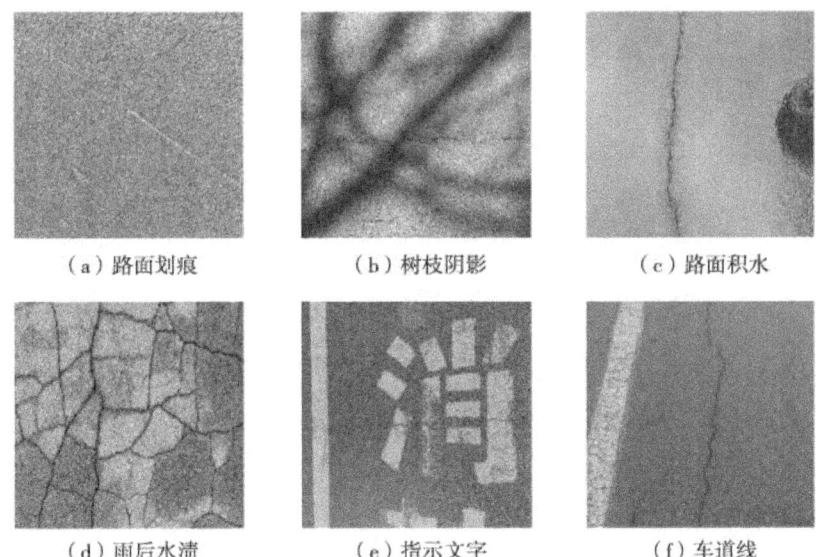

(a) 路面划痕　　(b) 树枝阴影　　(c) 路面积水

(d) 雨后水渍　　(e) 指示文字　　(f) 车道线

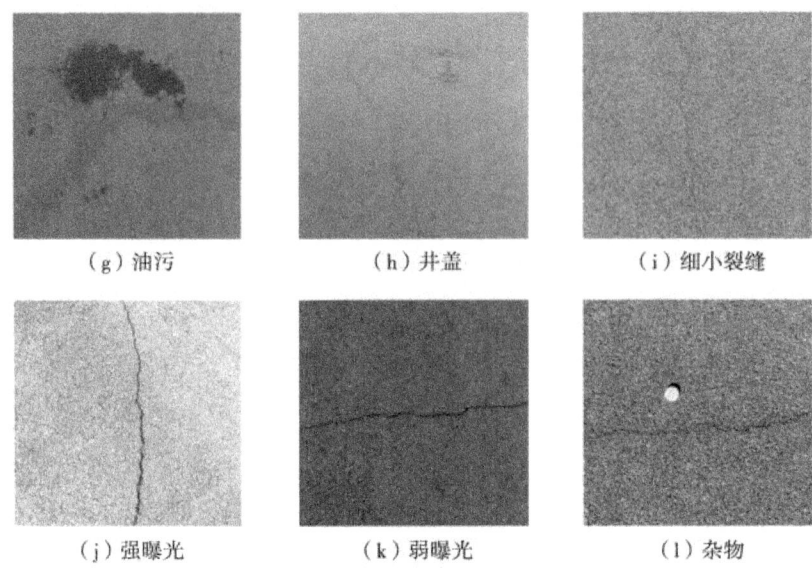

图 2-4 细节拍摄示例

通过采集各类图像进行模型训练，针对性提高模型在某一方面的检测能力，其中，图 2-4（a）为路面划痕图像，防止将路面划痕误判为路面裂缝，提高路面裂缝识别准确率；图 2-4（b）为存在树枝阴影的裂缝图像，提高在路面存在树枝阴影时对裂缝的识别准确率；图 2-4（c）、图 2-4（d）分别为雨天路面存在积水和雨后路面存在水渍的裂缝图像，降低雨天环境下路面积水或水渍对裂缝识别准确率的影响；图 2-4（e）、图 2-4（f）分别为路面存在指示文字和车道线的裂缝图像，提高在路面存在指示文字或路面标线干扰时对裂缝的识别准确率；图 2-4（g）为路面存在油污图像，提高在路面存在油污、油渍干扰时对裂缝的识别准确率；图 2-4（h）为存在井盖的裂缝图像，降低井盖、下水道等排水设施对裂缝检测的干扰；图 2-4（i）为路面细小裂缝图像，提高对细小裂缝的检测能力；图 2-4（j）、图 2-4（k）分别为晴天采集的强曝光裂缝图像以及阴天采集的弱曝光裂缝图像，提高在不同天气、不同光照条件下对路面裂缝的识别准确率；图 2-4（l）为存在杂物的路面裂缝图像，提高在路面存在瓶盖、烟头、树叶、纸屑等杂物时对裂缝的识别准确率。

(二) 图像采集记录

选定山东省淄博市张店区内部分典型道路进行路面图像采集，包括车流量较大的柳泉路、西二路，路面养护状况较好的新村西路，人流量较大的美食街，路况较复杂的共青团西路等，采集路段如图 2-5 所示。

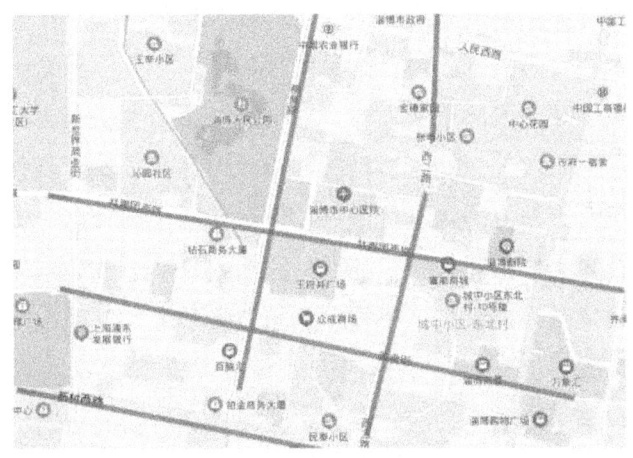

图 2-5　采集道路位置示意

针对传统图像处理方法在应对不同光照条件、不同天气，以及不同道路采集环境时准确率较低的问题，本书选择了晴天、多云、阴天、雨天等不同天气状况，在不同时段、不同光照条件下对路面图像进行采集，采集记录如表 2-1 所示。

表 2-1　路面图像采集记录

时间	天气	路线	采集方式
2021 年 6 月 23 日	晴转多云	柳泉路	驾车录像
2021 年 6 月 24 日	晴	美食街	细节拍摄

续表

时间	天气	路线	采集方式
2021年6月26日	小雨转中雨	西二路	驾车录像
2021年6月27日	小雨转阴	美食街	细节拍摄
2021年7月2日	多云转晴	共青团西路	细节拍摄
2021年7月3日	晴	共青团西路	驾车录像
2021年7月5日	多云	新村西路	驾车录像

路面裂缝图像采集方式为驾车录像和细节拍摄两种，对于柳泉路、西二路等车流量相对较大的路段，为保证拍摄安全，无法步行上路进行细节拍摄，仅采取驾车录像的采集方式；对于人流量较大的美食街，驾车录像无法提速且部分路段较为拥堵、行驶困难。因此，在晴天及雨天两种不同天气下，对美食街路面图像进行细节拍摄，获取不同光照、不同路面环境的细节图像；对于修建时间较长的共青团西路，经过改建和多次养护，新老裂缝混杂且道路环境复杂，根据实际车流量状况对其采取驾车录像及细节拍摄两种采集方式；对于修建时间较短且路面养护状况较好的新村西路，裂缝较少且多为细小裂缝，在路边距离较远的情况下对中间车道的细节拍摄效果较差，难以满足训练要求。因此，该路段仅采取驾车录像的采集方式。

三、图像增广

将采集到的图像裁剪成像素大小为 640×640 且仅含单一病害类型的图像，包括横向裂缝、纵向裂缝、块状裂缝（龟裂），以及各类干扰图像共1124张。为满足模型训练需要，对裁剪后的图像通过旋转变换（90°、180°、270°）、镜像翻转（水平、垂直）、亮度变换（明、暗）、噪声扰动等方式进行图像增广[55]，从而扩充样本数据集，增广效果如图2-6所示。

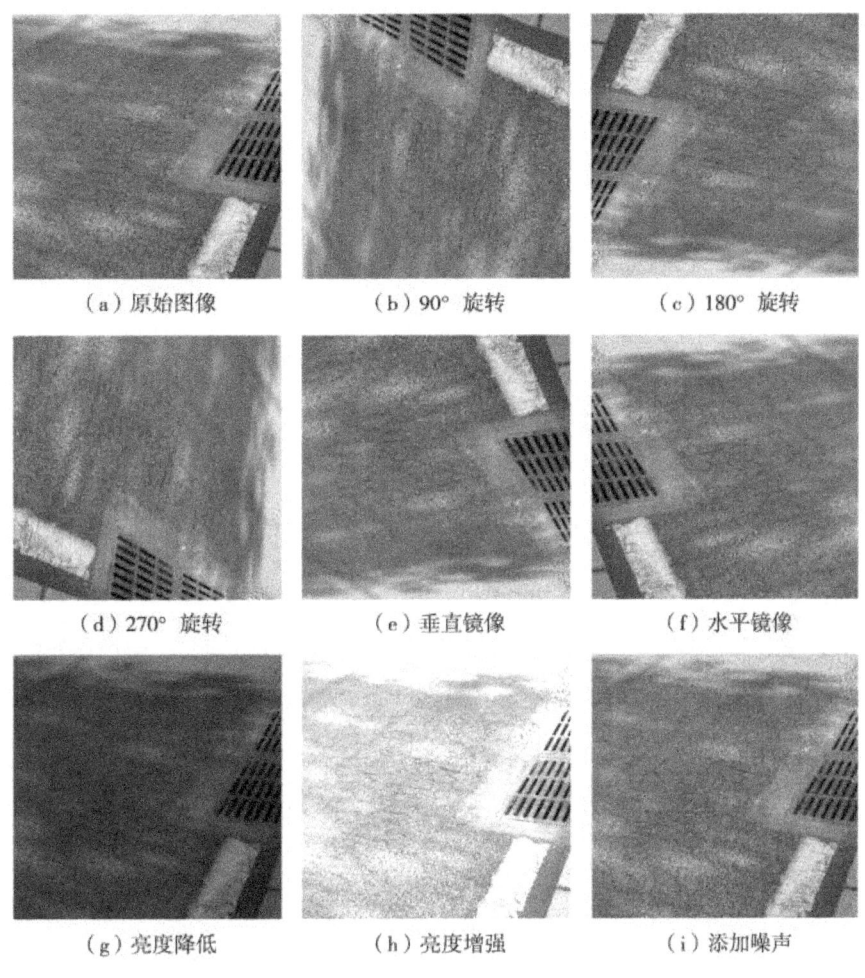

图 2-6 图像增广

不同类型图像采取的增广方式如表 2-2 所示。其中，由于横向裂缝和纵向裂缝在旋转 90°或 270°时会造成病害类型改变，所以不进行旋转变换步骤。将增广后的各类图像按照 7∶2∶1 的比例划分为训练集、验证集、测试集[56]，各类图像具体数量如表 2-3 所示。

表2-2　不同类型图像数据增广方式

类型	旋转变换	镜像翻转	亮度变换	噪声扰动
横向裂缝	×	√	√	√
纵向裂缝	×	√	√	√
块状裂缝	√	√	√	√
干扰图像	√	√	√	√

注：×表示不采用此方法；√表示采用此方法。

表2-3　增广后的各类图像数量分布

图像类型	原始图像/张	增广后图像/张	训练集/张	验证集/张	测试集/张
横向裂缝	336	2352	1645	470	237
纵向裂缝	324	2268	1588	453	227
块状裂缝	194	2716	1902	543	271
干扰图像	270	2133	1494	426	213
合计	1124	9469	6629	1892	948

四、图像标注

使用LabelImg标注软件对数据集图像中的病害区域进行标注[57]，将横向裂缝、纵向裂缝、块状裂缝（龟裂）3类图像分别添加标签为Transversal Cracks、Longitudinal Cracks，以及Block Cracks，LabelImg标注软件界面如图2-7所示。

具体标注过程为：点击"Open Dir"，选择数据集所在文件夹导入待标注的裂缝图像；点击"Chang Save Dir"，选择标签保存路径；点击"Create RectBox"，框选病害区域，并选择病害类型所属标签；点击"Save"，保存标注信息，生成XML文件，即完成了一张图像的标注。重复上述步骤，完成所有图像标注。

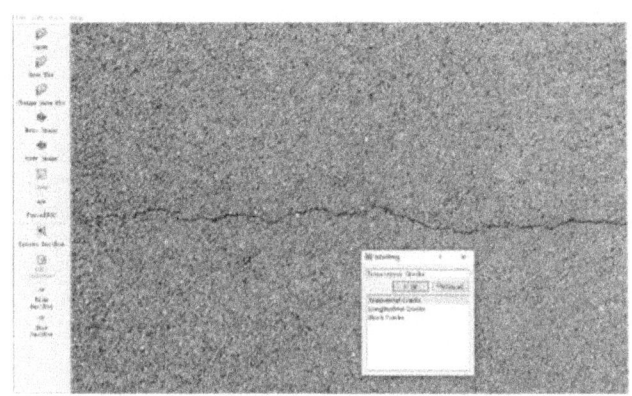

图 2-7 LabelImg 标注软件界面

五、本章小结

本章节主要介绍了沥青路面裂缝数据集的构建过程。首先，介绍了沥青路面裂缝的类型，包括横向裂缝、纵向裂缝、块状裂缝（龟裂）；其次，介绍了沥青路面图像采集方案，包括图像采集方式、图像采集类型、图像采集路段以及图像采集记录等；再次，介绍了采集图像的增广方式，包括旋转变换、镜像翻转、亮度变换以及噪声扰动等方式，并将得到的9469张沥青路面图像按照7:2:1划分为训练集、验证集、测试集；最后，使用LabelImg标注软件对数据集图像中的病害区域进行标注，为后续模型的训练和测试做好数据集的准备。

第三章 图像分类模型

一、图像分类模型选取

(一) 经典图像分类模型

近年来,基于 CNN 的图像识别技术不断更新发展,已经在遥感影像、商品识别、人脸识别、无人驾驶等诸多领域取得了丰富的成果,经典图像分类模型包括 LeNet、AlexNet、VGG16、GoogLeNet 和 ResNet[58]。

1. LeNet

LeNet(LeNet-5)是 20 世纪 90 年代由 LeCun 创建,用于邮政编码等手写数字的识别[59],网络结构如图 3-1 所示。

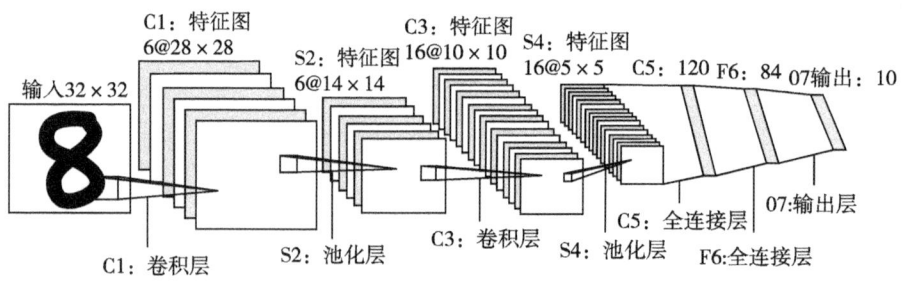

图 3-1 LeNet-5 网络结构

LeNet-5 定义了 CNN 的基本结构，并开创了 CNN 图像识别的先河，但近年来该网络在图像识别领域已经逐渐被淘汰。

2. AlexNet

AlexNet 于 2012 年由 Krizhevsky 提出，相较于 LeNet-5，AlexNet 使用了 ReLU（Rectified Linear Unit）激活函数、Dropout 层、最大池化层、局部响应归一化层（Local Response Normalization，LRN）等，避免了过拟合问题并增强了模型泛化能力[60]，网络结构如图 3-2 所示。

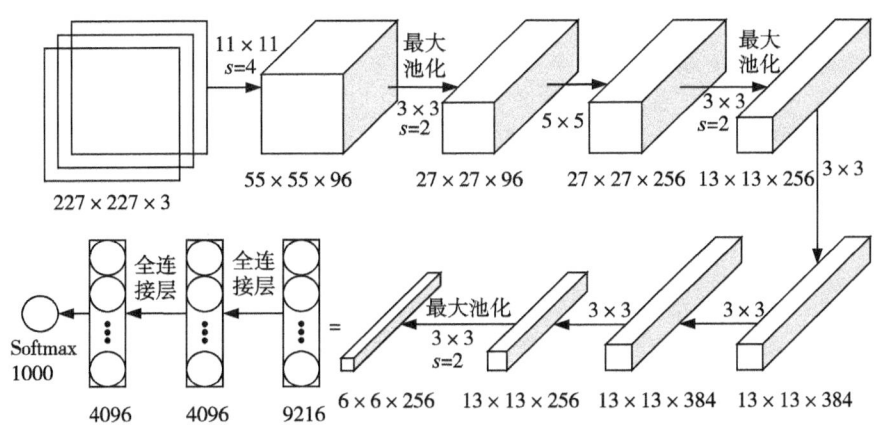

图 3-2　AlexNet 网络结构

3. VGG16

牛津大学的 Visual Geometry Group 团队于 2014 年在 AlexNet 的基础上提出了网络层次较深的 VGGNet。其中，较为典型的 VGG16 网络结构如图 3-3 所示，该网络缩小了卷积核大小，增加了卷积层数，在减少网络参数的同时，增强了网络拟合表达能力[61]，但该网络结构层数较深、连续卷积操作较多且计算量较大，模型训练较为耗时。

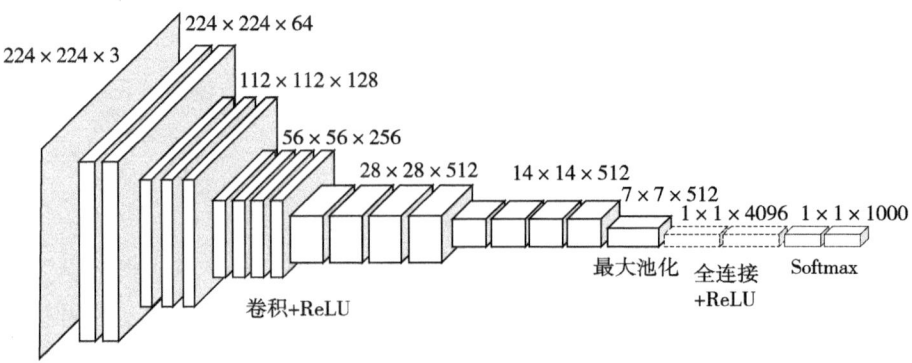

图 3-3　VGG16 网络结构

4. GoogLeNet

谷歌公司于 2014 年提出了 GoogLeNet 网络，网络中的 Inception 模块使得 GoogLeNet 在拥有更深、更宽网络结构的同时，参数量仅为 500 万个，对计算机硬件条件要求相对较低[62]。在该模型的 22 层网络结构中，包括 3 个卷积层、9 个 Inception 模块（18 层）和一个全连接层。其中，Inception 模块的网络结构如图 3-4 所示。GoogLeNet 网络结构如图 3-5 所示，每 3 个 Inception 模块就会添加一个辅助分类器（Auxiliary Classifier），将中间层的分类结果以一定权重作为辅助输出添加到最终结果中，并且能够在增强网络反向传播梯度信息的同时，起到一定的正则化效果。

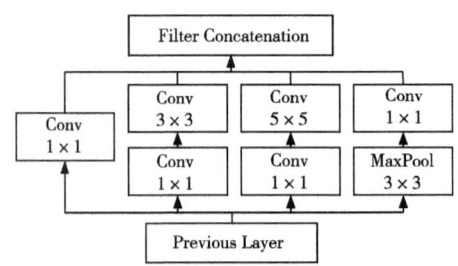

图 3-4　Inception 模块网络结构

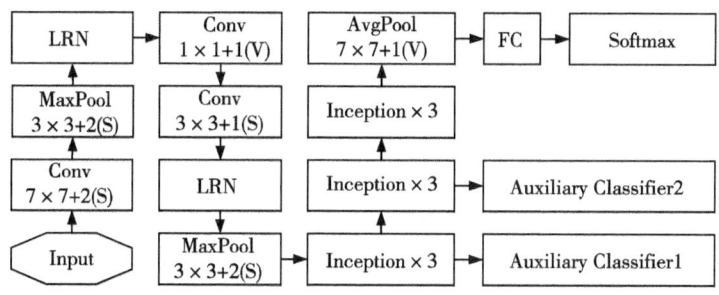

图 3-5 GoogLeNet 网络结构

5. ResNet

20 世纪 90 年代的 LeNet 共 8 层，2012 年的 AlexNet 共 8 层，2014 年的 VGGNet、GoogLeNet 分别为 19 层、22 层，随着网络层数的不断加深，能够提取到的特征信息更加丰富，但也可能会出现准确率下降、耗时增加、部分信息可能在传递过程中丢失等问题。针对上述问题，2015 年诞生了多达 152 层的深度残差网络 ResNet，该网络允许原始输入信息 X Identity 直接传递到后面的层中，构成一个残差单元，相当于将学习目标由完整的输出 $Y = F(X) + X$，改为输出与输入的差 $F(X) = Y - X$，网络结构如图 3-6 所示。ResNet 解决了传统 CNN 网络在层数较多时，耗时较长和信息可能丢失等问题，从而使网络可以加深到更多层次，进而提取到更多特征[63]。

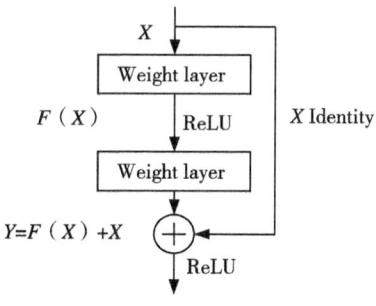

图 3-6 ResNet 网络结构

(二) 图像识别模型对比

采用不同图像识别模型在本书所制作的沥青路面裂缝数据集上进行训练和测试，分别以准确率和总耗时（训练耗时 + 测试耗时）作为精度和速度的评价指标，结果如表 3 – 1 所示。

表 3 – 1　不同图像分类模型性能测试

网络模型	LeNet-5	AlexNet	VGG16	GoogLeNet	ResNet18
准确率	37.2%	76.8%	80.4%	82.5%	74.5%
总耗时/min	28.8	68.4	87.8	80.7	78.2

由表 3 – 1 可见，在模型测试结果中，LeNet-5 网络虽然耗时最短，但准确率只有 37.2%；AlexNet 网络和 ReaNet18 网络耗时较长，准确率分别为 76.8%、74.5%；VGG16 网络和 GoogLeNet 网络耗时最长，但准确率较高，分别为 80.4%、82.5%。由于沥青路面裂缝检测工作对于准确率要求较高，并考虑到硬件设备条件与图像识别效果，本书选择综合性能较好、参数较少，且对硬件设备条件要求较低的 GoogLeNet 作为图像分类模型。

二、GoogLeNet 改进方案

GoogLeNet 是图像识别挑战赛中对超过 1000 种标签分类的网络，原始网络较深且相对复杂[64]，由于沥青路面裂缝图像纹理相对简单、目标特征明显且裂缝数据集分类标签数量较少。因此，结合沥青路面裂缝数据集特点，本书在 GoogLeNet 原模型的基础上进行如下改进。

1. 模型结构

删除原模型的 LRN 层，并对原始 9 个 Inception 模块和 2 个辅助分类器的数量进行删减,在准确率满足要求的基础上,减少计算资源的消耗,提升模型训练、检测速度。

2. 卷积核大小

GoogLeNet 中大尺度卷积核有着大感受野的同时也带来了更多的参数,由于裂缝图像识别任务标签类型较少,且对于实时性的要求较高。因此,本书使用 3 个 3×3 卷积核替换原模型中的 7×7 卷积核,并使用两个 3×3 卷积核替代 Inception 模块中的 5×5 卷积核,在感受野大小不变的同时,大大减少模型参数量,提升检测速度。

3. 激活函数

目前常用的激活函数有 Sigmoid、Tanh、ReLU,以及 Leaky ReLU,各类激活函数在 [-1,1] 区间上的函数图像如图 3-7 所示。

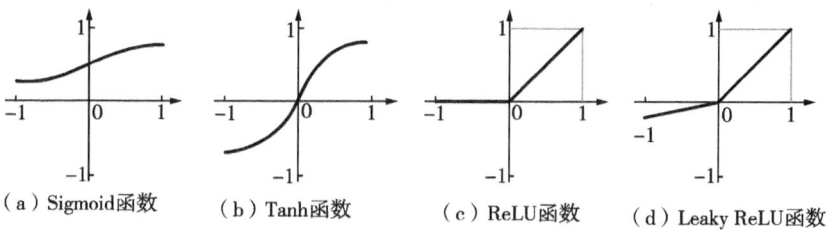

(a) Sigmoid 函数　　(b) Tanh 函数　　(c) ReLU 函数　　(d) Leaky ReLU 函数

图 3-7　激活函数图像

(1) Sigmoid

Sigmoid 函数是经典的非线性激活函数,如图 3-7 (a) 所示,该函数在输入过大或过小时存在梯度耗散问题,并且该函数收敛速度缓慢,其数学表达如式 (3-1) 所示。

$$f(x) = \frac{1}{1+e^{-x}} 。 \tag{3-1}$$

(2) Tanh

Tanh 函数如图 3-7 (b) 所示,该函数输出范围为 [-1,1],依然没有解决饱和状态下的梯度耗散问题,其数学表达如式(3-2)所示。

$$f(x) = \frac{e^x - e^{-x}}{e^x + e^{-x}} 。 \qquad (3-2)$$

(3) ReLU

ReLU 是目前最常用的激活函数之一,也是 GoogLeNet 原本采用的激活函数,如图 3-7(c)所示,该函数能够增强网络稀疏性,收敛速度较快且无梯度耗散[65],但输入小于 0 或学习率较大时,可能会有大量的神经元"die",其数学表达如式(3-3)所示。

$$f(x) = \max(0, x) 。 \qquad (3-3)$$

(4) Leaky ReLU

为了解决 ReLU 存在的"die"问题,部分学者提出了 Leaky ReLU[66],如图 3-7(d)所示,该函数有效改善了 ReLU 的"die"特性,但会损失网络的稀疏性,并且由于增加了一个超参数 α,运行速度会有所下降,其数学表达如式(3-4)所示。

$$f(x) = \begin{cases} 1, & x < 0 \\ \alpha x + 1, & x \geq 0 \end{cases} 。 \qquad (3-4)$$

结合 ReLU 与 Leaky ReLU 激活函数的特点,提出 ReLU + Leaky ReLU 的组合方式,即在普通卷积核后进行 ReLU 操作,在 Inception 模块中 4 个分支的卷积核后进行 Leaky ReLU 操作。本书将在 ReLU、Leaky ReLU,以及 ReLU + Leaky ReLU 之间,通过实验测试来选定 GoogLeNet 模型最适宜的激活函数。

4. BN 层与 Dropout 层

针对模型梯度饱和问题,在所有卷积层之后加入批量归一化层(Batch Normalization,BN),它在调用激活函数之前会将输入值归一化到梯度值较大的区域,能够在很大程度上解决梯度饱和问题,并加快模型收敛速度。针对模型过拟合问题,采用平均池化层代替全连接层并加入

Dropout 层,能够随机令部分节点失活,以减少节点之间的相互作用,从而有效减少过拟合现象[67],全连接层与 Dropout 层原理如图 3-8 所示。目前大部分研究已证明 BN 层与 Dropout 层的添加能够为模型带来正向效果,因此本书不再进行验证。

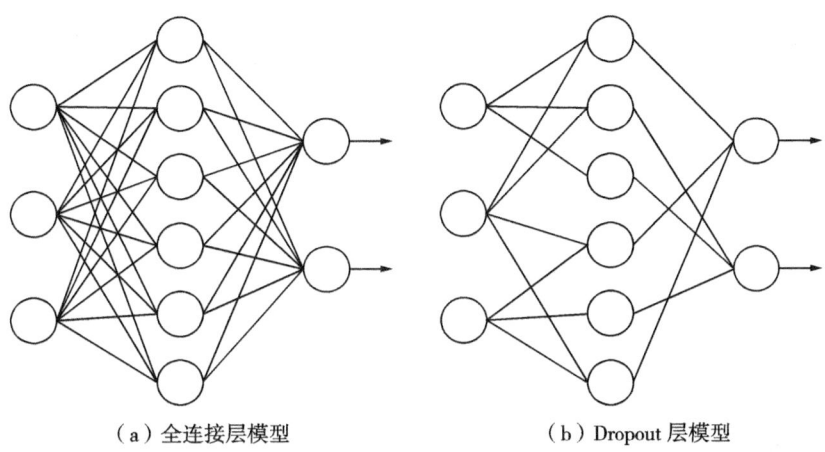

(a)全连接层模型　　　　　　(b)Dropout 层模型

图 3-8　全连接层与 Dropout 层

三、改进 GoogLeNet 模型结构

(一)实验参数及评价指标

1. 实验参数

本章实验环境及模型训练参数如表 3-2 所示。

表3-2 实验环境及模型训练参数

实验环境	类型	参数
硬件环境	CPU	12th Gen Intel (R) Core (TM) i7-12700 2.10 GHz
	GPU	NVDIA GeForce RTX 3080
	核心数/线程数	10核心/16线程
	RAM	32.00 GB
软件环境	操作系统	Windows10
	Python	3.8.8
	Pytorch	1.7.1
模型训练	Epochs	500
	Batch Size	32
	损失函数	交叉熵函数[68]
模型训练	优化器	Adam
	辅助分类器权重	0.3
	Dropout率	0.4
	初始学习率	0.001

2. 评价指标

采用总耗时（训练阶段耗时与测试阶段耗时之和）作为模型的速度指标，采用准确率（Accuracy）作为模型的精度指标，准确率计算方法如式（3-5）所示。

$$A_{cc} = \frac{TP + TN}{TP + TN + FN + FP} 。 \tag{3-5}$$

其中，TP、TN、FP、FN代表的模型检测评价类别如表3-3所示。

表3-3 检测评价类别

代号	检测评价类别
TP	实际为正样本，也检测为正样本的数量
FP	实际为负样本，但检测为正样本的数量
FN	实际为正样本，但检测为负样本的数量
TN	实际为负样本，也检测为负样本的数量

（二）正交实验设计

针对 Inception 模块数量、辅助分类器数量，以及激活函数类型的选择，设计正交实验进行测试。为了在尽量减少 Inception 模块数量的同时，最大限度减少实验量，Inception 模块数量分别选取 3 个、6 个、9 个（Inception 模块自后向前删除），辅助分类器数量分别选取 0 个、1 个、2 个，激活函数类型分别选取 ReLU、Leaky ReLU，以及 ReLU + Leaky ReLU。因此，本书将 Inception 模块数量、辅助分类器数量和激活函数的类型作为正交实验的 3 个因素，通过 3 因素 3 水平的正交实验来寻找最佳模型组合，具体实验因素及水平如表 3-4 所示，正交实验方案采用如表 3-5 所示的 $L_9(3^3)$ 正交表。

表 3-4 正交实验因素水平

水平	实验因素		
	Inception 模块数量	辅助分类器数量	激活函数类型
1	3	0	ReLU
2	6	1	Leaky ReLU
3	9	2	ReLU + Leaky ReLU

表 3-5 $L_9(3^3)$ 正交方案

实验组	实验因素		
	Inception 模块数量	辅助分类器数量	激活函数类型
1 组	3	0	ReLU
2 组	3	1	Leaky ReLU
3 组	3	2	ReLU + Leaky ReLU
4 组	6	1	ReLU
5 组	6	2	Leaky ReLU
6 组	6	0	ReLU + Leaky ReLU

续表

实验组	实验因素		
	Inception 模块数量	辅助分类器数量	激活函数类型
7 组	9	2	ReLU
8 组	9	0	Leaky ReLU
9 组	9	1	ReLU + Leaky ReLU

在正交实验中,若按照 GoogLeNet 每 3 个 Inception 模块添加一个辅助分类器的规则,3 组(3 个 Inception 模块 + 2 个辅助分类器)的情况不存在,2 组(3 个 Inception 模块 + 1 个辅助分类器)添加的辅助分类器与输出部分重合,5 组(6 个 Inception 模块 + 2 个辅助分类器)添加的第二个辅助分类器与输出部分重合。因此,对于实验组 2、3、5,辅助分类器的添加不遵循 GoogLeNet 原规则,具体添加方式如表 3-6 所示。

表 3-6 实验组 2、3、5 辅助分类器添加方式

实验组	2 组	3 组	5 组
输入部分	Conv(7×7) + MaxPool + Conv(1×1) + Conv(3×3) + MaxPool		
Inception 模块部分	Inception-3a	Inception-3a	Inception-3a
	Inception-3b	Auxiliary Classifier-1	Inception-3b
	Auxiliary Classifier-1	Inception-3b	Auxiliary Classifier-1
	MaxPool	Auxiliary Classifier-2	MaxPool
	Inception-4a	MaxPool	Inception-4a
		Inception-4a	Inception-4b
			Auxiliary Classifier-2
			Inception-4c
			Inception-4d
输出部分	AvgPool + Dropout + Softmax		

根据表 3-5 的正交实验方案,分别以准确率和耗时作为模型的精度及速度评价指标,对 GoogLeNet 模型进行训练和测试,两项指标正交实验

结果分别如表 3-7、表 3-8 所示。其中，K 为各因素同一水平的 3 次实验结果之和；k 为各因素同一水平的平均值，即 $k = K/3$；R 为各因素 3 个水平 k 值的极差，即 $R = k_{max} - k_{min}$，R 值反映了各因素在相应水平作用下对该项评价指标的影响程度，其大小与影响程度呈正相关。

表 3-7　不同因素下 GoogLeNet 准确率正交分析

实验组	Inception 模块数量	辅助分类器数量	激活函数类型	准确率/%
1 组	3	0	ReLU	45.2
2 组	3	1	Leaky ReLU	45.4
3 组	3	2	ReLU + Leaky ReLU	45.4
4 组	6	1	ReLU	80.7
5 组	6	2	Leaky ReLU	82.0
6 组	6	0	ReLU + Leaky ReLU	82.4
7 组	9	2	ReLU	81.2
8 组	9	0	Leaky ReLU	82.0
9 组	9	1	ReLU + Leaky ReLU	81.6
K1	136.00	209.60	207.10	
K2	245.10	207.70	209.40	
K3	244.80	208.60	209.40	
k1	45.33	69.87	69.03	
k2	81.70	69.23	69.80	
k3	81.60	69.53	69.80	
极差 R	36.27	0.63	0.77	
主次顺序	Inception 模块数量 > 激活函数类型 > 辅助分类器数量			
最优水平	2	1	2 或 3	
最优组合	6 个 Inception 模块、无辅助分类器、Leaky ReLU 或 6 个 Inception 模块、无辅助分类器、ReLU + Leaky ReLU			

由表 3-7 可见，对于 GoogLeNet 模型准确率指标，Inception 模块数量是主要影响因素，其次是激活函数类型，最后是辅助分类器数量。其中，

激活函数因素的水平 2，以及水平 3 在正交实验表中的 k 值相同，Leaky ReLU 和 ReLU + Leaky ReLU 都可作为最优激活函数。因此，对于准确率指标，模型的最佳模型组合为 6 个 Inception 模块、无辅助分类器、Leaky ReLU 激活函数或 6 个 Inception 模块、无辅助分类器、ReLU + Leaky ReLU 激活函数。

表 3-8　不同因素下 GoogLeNet 耗时正交分析

实验组	Inception 模块数量	辅助分类器数量	激活函数类型	耗时/min
1 组	3	0	ReLU	30.8
2 组	3	1	Leaky ReLU	31.0
3 组	3	2	ReLU + Leaky ReLU	28.6
4 组	6	1	ReLU	56.3
5 组	6	2	Leaky ReLU	55.7
6 组	6	0	ReLU + Leaky ReLU	44.3
7 组	9	2	ReLU	68.4
8 组	9	0	Leaky ReLU	66.5
9 组	9	1	ReLU + Leaky ReLU	60.2
$K1$	90.40	141.60	155.50	
$K2$	156.30	147.50	153.20	
$K3$	195.10	152.70	133.10	
$k1$	**30.13**	**47.20**	51.83	
$k2$	52.10	49.17	51.07	
$k3$	65.03	50.90	**44.37**	
极差 R	34.90	3.70	7.47	
主次顺序	Inception 模块数量 > 激活函数类型 > 辅助分类器数量			
最优水平	1	1	3	
最优组合	3 个 Inception 模块、无辅助分类器、ReLU + Leaky ReLU			

由表 3-8 可见，对于 GoogLeNet 模型耗时指标，Inception 模块数量是主要影响因素，其次是激活函数类型，最后是辅助分类器数量，并且模型

的最佳组合为 3 个 Inception 模块、无辅助分类器、ReLU + Leaky ReLU 激活函数。

结合准确率及耗时两项评价指标，Inception 模块数量都是最主要的影响因素，但在两项评价指标所确定的模型最佳组合中，Inception 模块数量的最优水平却不相同。对于 GoogLeNet 图像识别任务，准确率是检测模型结果最主要的评价指标。因此，Inception 模块数量参考准确率正交分析表中的最优水平 2，即采用 6 个 Inception 模块的方案；对于辅助分类器数量，两项指标得到的最优组合都是 0 个；对于激活函数类型，选取两项指标得到的最优组合中的公共部分，即采用 ReLU + Leaky ReLU 激活函数。综上，本书中 GoogLeNet 改进模型采用 6 个 Inception 模块、无辅助分类器，以及 ReLU + Leaky ReLU 激活函数。

（三）改进 GoogLeNet 结构图

基于上述 6 个 Inception 模块、无辅助分类器，以及 ReLU + Leaky ReLU 激活函数的改进方案，GoogLeNet 改进模型网络结构如图 3 - 9 所示。

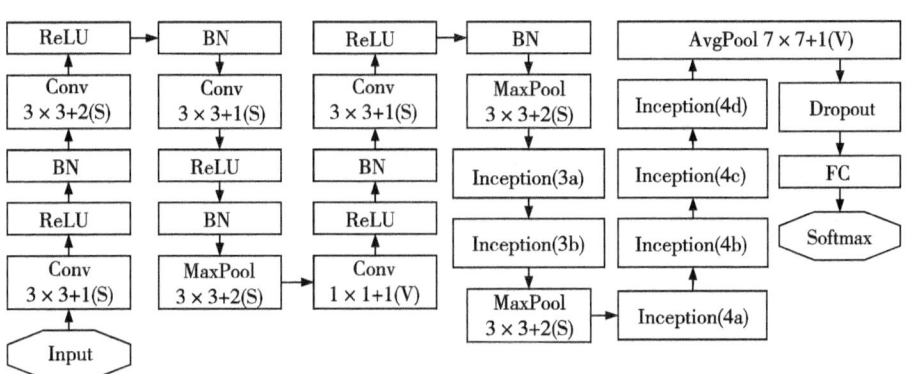

图 3 - 9　改进 GoogLeNet 网络结构

其中，改进 Inception 模块网络结构如图 3 - 10 所示。

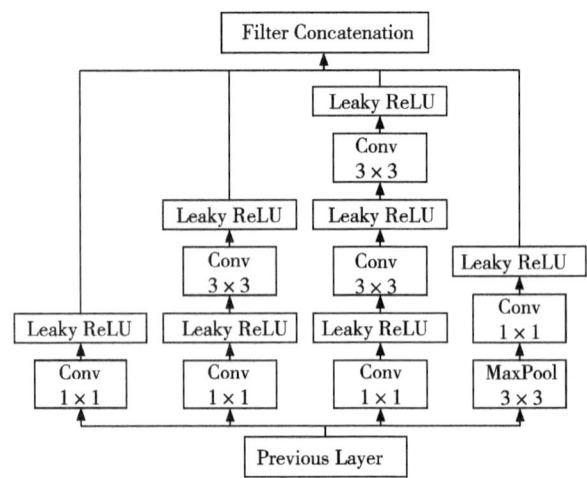

图 3–10 改进 Inception 模块网络结构

四、改进 GoogLeNet 模型测试

分别采用 GoogLeNet 原模型与改进模型在沥青路面裂缝数据集上训练和测试，为了在硬件设备条件、模型运算效率，以及模型运算难度之间取得平衡，模型训练参数的选定如表 3–2 所示，实验结果如表 3–9 所示，模型的准确率、损失值随迭代次数变化拟合曲线如图 3–11 所示。

表 3–9 模型测试结果

模型	各类图像分类准确率	有无裂缝分类准确率	总耗时/min
GoogLeNet 原模型	81.2%	90.4%	68.4
GoogLeNet 改进模型	86.4%	97.6%	40.8

由表 3–9 可见，GoogLeNet 改进模型在测试集上的准确率能够达到 86.4%，相较于原模型提升了 5.2%。由于改进模型在采用小卷积核的同时，减少了 Inception 模块及辅助分类器的数量，使得改进模型在训练、测试阶段的耗时大幅减少，总耗时仅为 40.8 min，相较于原模型大幅减少了 27.6 min，降幅达 40.4%。其中，对于含有裂缝的图像，GoogLeNet 原模型

与改进模型都能够较好地将其筛分出来，并且 GoogLeNet 改进模型对于含有裂缝图像的筛分准确率达到了 97.6%，相较于原模型，提高了 7.2%。

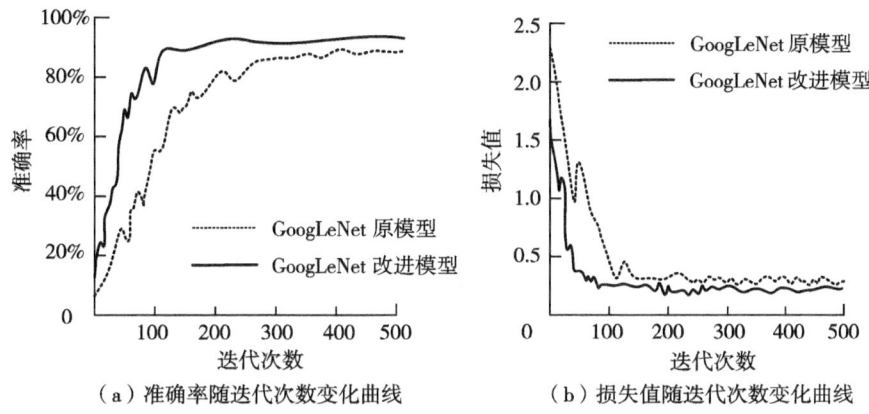

（a）准确率随迭代次数变化曲线　　　　（b）损失值随迭代次数变化曲线

图 3 - 11　准确率、损失值随迭代次数变化拟合曲线

图 3 - 11 中，GoogLeNet 原模型与改进模型的准确率曲线都呈现出迅速上升、缓慢上升、趋于平稳 3 个阶段，而损失值曲线则都呈现出迅速降低、缓慢降低、趋于平稳 3 个阶段。由于加入了 BN 层、Dropout 层并采用了 ReLU + Leaky ReLU 激活函数，GoogLeNet 改进模型相较于原模型，收敛速度有了明显提升，并且大大降低了过拟合的风险。

五、本章小结

本章主要介绍了改进 GoogLeNet 图像分类模型。首先，介绍了经典图像分类模型，主要包括 LeNet、AlexNet、VGG16、GoogLeNet，以及 ResNet，并通过对比测试选择了 GoogLeNet 作为本书的图像分类模型；其次，介绍了对 GoogLeNet 模型的改进方案，并通过正交实验确定了 6 个 Inception 模块、无辅助分类器，以及 ReLU + Leaky ReLU 激活函数的最佳模型组合；最后，对改进 GoogLeNet 模型进行了性能测试，实验结果表明，改进模型对各类裂缝图像的分类准确率为 86.4%，对含有裂缝图像的筛分准确率为 97.6%。

第四章　目标检测模型

图像识别模型仅能将各类裂缝图像进行识别分类，输出裂缝类别信息，而目标检测模型能够完成裂缝在图像中的框选定位，同时输出裂缝的类别信息和坐标信息，对于沥青路面裂缝检测工作具有重要意义。

一、经典目标检测模型

（一）两阶段目标检测模型

两阶段目标检测算法主要包括 Girshick 等在 2013 年提出的 R-CNN，He 等在 2014 年提出的 SPP-Net，Girshick 等在 2015 年提出的 Fast R-CNN，Ren 等在 2015 年提出的 Faster R-CNN，以及 He 等在 2017 年提出的 Mask R-CNN。

1. R-CNN

R-CNN 在 VOC2007 数据集上有着较好的检测效果，但该算法需要占用大量存储资源，并且将图像强制缩放后可能会导致目标区域变形、模糊，从而降低检测准确率。

2. SPP-Net

SPP-Net 在卷积层后加入如图 4-1 所示的 SPP 层,通过对 Conv5 层的输出进行 3 种不同尺度的池化操作,得到图中的 3 种特征向量,最后拼接得到固定长度的特征表示[69]。相较于 R-CNN,SPP-Net 能够预先生成包含所有候选区域的整张图像,在一定程度上提升了检测速度。

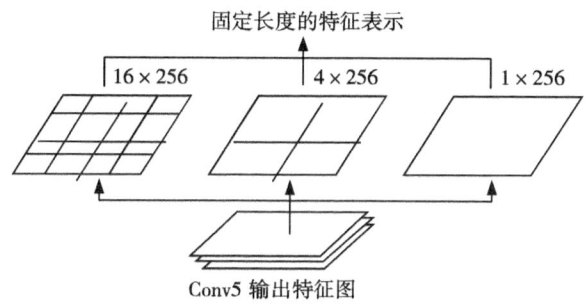

图 4-1　SPP 层结构

3. Fast R-CNN

Fast R-CNN 在 R-CNN 的基础上,将各候选区域统一成相同尺度的特征向量,同时进行目标分类、位置回归、共享卷积特征的多任务模型[70]。相较于 R-CNN,Fast R-CNN 的检测速度有了一定程度的提升,但该网络增加了计算的时间复杂度,检测速度仍有较大提升空间。

4. Faster R-CNN

Faster R-CNN 利用区域生成网络(Region Proposal Network,RPN)对图像特征点预设 9 个不同锚框,并以预设锚框与真实锚框的交并比,以及偏移量等属性来判断目标是否存在[71]。该算法虽然在检测精度方面有了较大提升,但由于检测过程中需要消耗大量计算资源,导致检测速度难以提升。

5. Mask R-CNN

Mask R-CNN 使用 RPN 生成候选锚框,并使用 RoI Align 解决了 Fast R-CNN 中像素点不能对齐的问题[72],虽然在目标检测任务上的检测精度较高,但与其他两阶段目标检测算法相同,其检测速度仍无法满足实时性要求。

(二) 一阶段目标检测模型

两阶段目标检测模型虽然检测精度较高,但检测速度较慢,难以满足实时检测要求,针对该问题,SSD 和 YOLO 系列等一阶段目标检测模型被相继提出,大幅度提升了目标检测速度。

1. YOLOv1

2015 年提出的 YOLOv1 将输入图像划分为如图 4-2 所示的 7×7 网格,以每个格子为中心,得到两个包含位置信息和置信度的候选框。该算法检测速度相较于同年提出的 Fast R-CNN 有着较大提升,但对于小目标的检测效果较差,并且当两个目标中心点落在一个网格内时,只能输出一个物体的预测结果[73]。

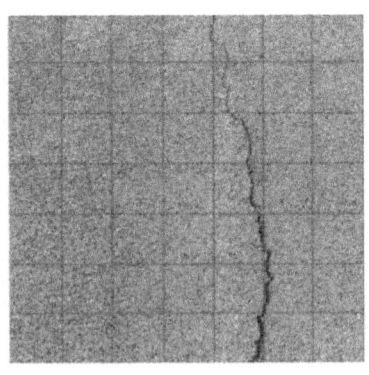

图 4-2　YOLOv1 网格划分

2. YOLOv2

2016年提出的YOLOv2在YOLOv1的基础上主要进行了如下改进：采用联合训练方法和高分辨率预训练网络提升了模型的检测能力，并增强了模型的鲁棒性；采用BN层提升了模型收敛速度，降低了过拟合风险；采用聚类算法来确定初始锚框的大小；采用Dartnet-19网络，降低了模型的参数和计算量[74]。

3. SSD

2016年提出的SSD以VGG16网络为基础进行目标特征提取，并融合了YOLO算法中的回归方法及Faster R-CNN中的锚框机制[75]。该算法网络结构如图4-3所示，在保持较快检测速度的同时，也提升了一定的检测精度。

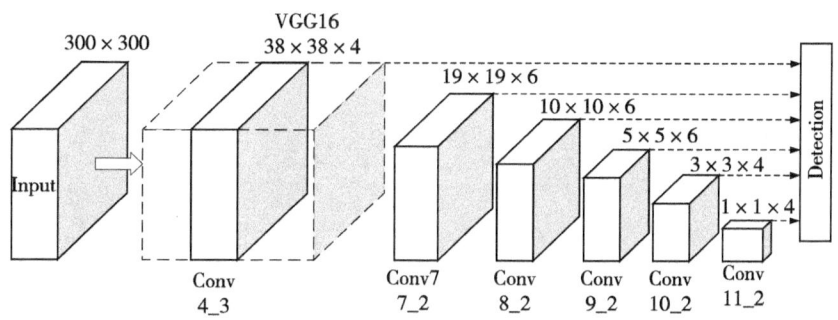

图4-3 SSD网络结构

4. YOLOv3

2018年提出的YOLOv3在YOLOv2的基础上，通过上采样提取深层网络特征，从而提升了模型检测速度及精度。同时，采用了残差网络及FPN结构，解决了网络加深带来的梯度消失问题[76]，该网络结构如图4-4所示。

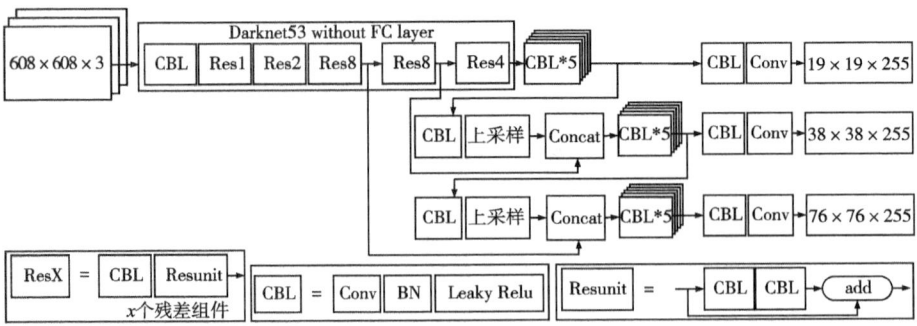

图 4-4 YOLOv3 网络结构

5. YOLOv4

2020 年 4 月提出的 YOLOv4 在 Backbone 部分采用了 CSP Darknet53 结构，Neck 部分使用 SPP 和 PAN 结构对不同尺度的图像特征进行融合，并将结果输出到 Head 部分进行预测[77]。该模型在提高内存利用率的同时，检测速度与检测精度也有着较大程度的提升，网络结构如图 4-5 所示。

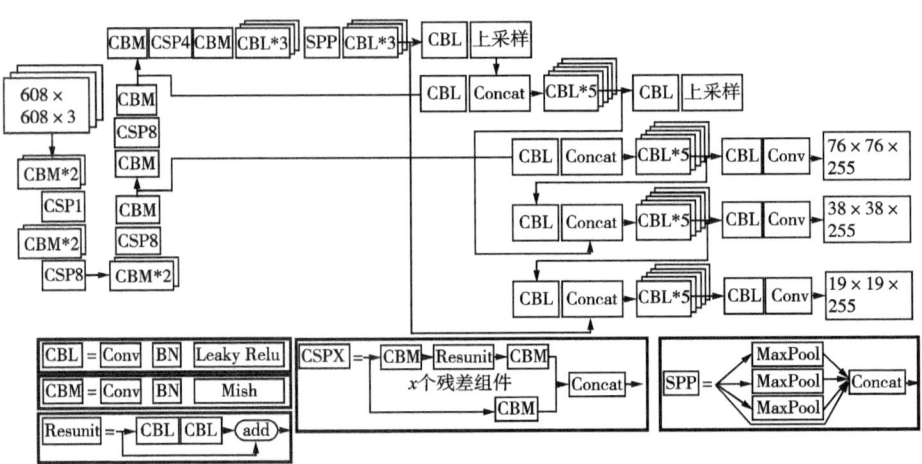

图 4-5 YOLOv4 网络结构

6. YOLOv5

2020年5月提出的YOLOv5网络主要由4个部分组成，包括Input端、Backbone、Neck和Prediction。网络结构如图4-6所示。

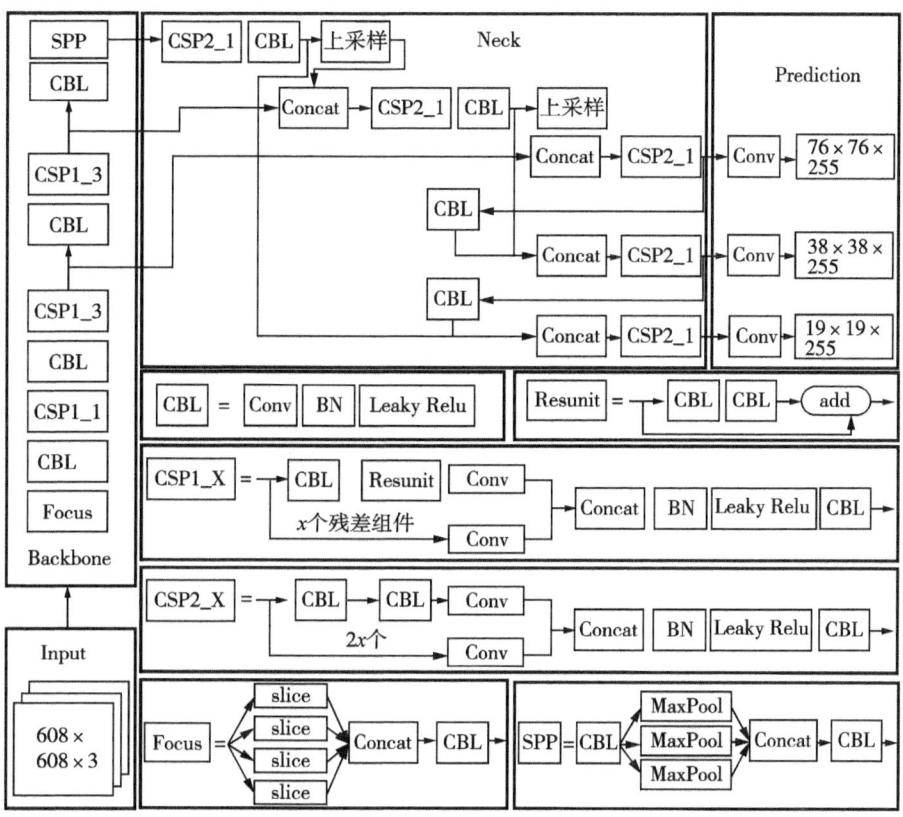

图4-6 YOLOv5网络结构

Input端采用了Mosaic数据增强算法丰富了输入图像并增强了模型的泛化能力，以及鲁棒性；Backbone部分主要由Focus、CBL、CSP Darknet53，以及SPP等结构组成。其中，Focus模块在图像进入Backbone部分之前对其进行如图4-7所示的切片操作来扩展输出空间，在卷积操作之后获得了没有信息损失的下采样特征图，从而提高了模型计算速度；Neck部分采用了 FPN 结构及 PAN 结构，进一步增强了模型的鲁棒性和特征提取能力；Prediction 部分采用 GIoU_Loss 作为损失函数，并采用非极大值抑制（Non Maximum Suppression，NMS）筛选预测锚框[78]。

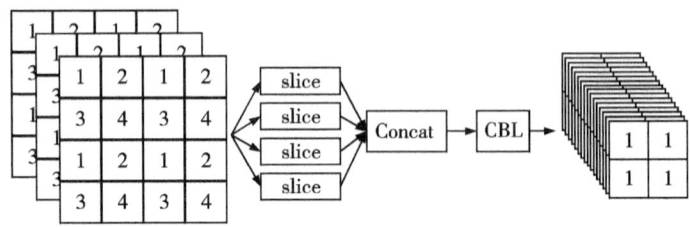

图 4-7　Focus 模块切片操作

YOLOv5 有 YOLOv5s、YOLOv5m、YOLOv5l、YOLOv5x 4 个版本[79]，本书选择检测速度快并且部署成本低的 YOLOv5s 作为目标检测模型。相较于 YOLOv5 其他版本及两阶段目标检测算法，YOLOv5s 检测速度较快，但检测准确率较低，尤其是对于一些细小裂缝的检测效果难以满足要求。因此，本书针对沥青路面裂缝数据集特点，在 YOLOv5s 原模型的基础上进行了改进，从而提升模型检测准确率。

二、改进 YOLOv5

（一）实验参数及评价指标

1. 实验环境及模型训练参数

本章实验环境参数及综合实际情况设置的模型训练超参数如表 4-1 所示。

表 4-1　实验环境及模型训练参数

实验环境	类型	参数
硬件环境	CPU	12th Gen Intel（R）Core（TM）i7-12700 2.10 GHz
	GPU	NVDIA GeForce RTX 3080
	核心数/线程数	10 核心/16 线程
	RAM	32.00 GB
软件环境	操作系统	Windows 11
	PyCharm	2021.1.1
	Python	3.8.8
	Cuda	11.1
	Cudnn	8.05
	Pytorch	1.7.1
模型训练超参数	Weight	YOLOv5s.pt
	Batch Size	32
	初始学习率	0.001
	动量系数	0.937
	权重衰减系数	0.0005

2. 评价指标

本书采用均值平均精度（mean Average Precision，mAP）[80]、精确率（Precision）、召回率（Recall），以及 $F1$-score（$F1$ 值）反映模型检测精度，并采用每秒传输帧数 FPS（Frames Per Second）反映模型检测速度。其中，均值平均精度（mAP）、精确率（P）、召回率（R），以及 $F1$ 值的计算方法分别如式(4-1)至式（4-4）所示。

$$mAP = \frac{1}{classes}\sum_{i=1}^{classes}\int_0^1 P(R)d(R), \qquad (4-1)$$

$$P = \frac{TP}{TP+FP}, \qquad (4-2)$$

$$R = \frac{TP}{TP + FN}, \quad (4-3)$$

$$F1 = \frac{2 \times P \times R}{P + R}。 \quad (4-4)$$

其中，*classes* 代表检测类别数，*TP*、*FP*、*FN* 代表的模型检测评价类别如第三章中表 3-3 所示。

（二）锚框改进

1. 裂缝锚框特点分析

沥青路面裂缝数据集中目标裂缝的形状大小丰富多样、特点鲜明，对本书的沥青路面裂缝数据集锚框位置信息进行了可视化处理，结果如图 4-8 所示。

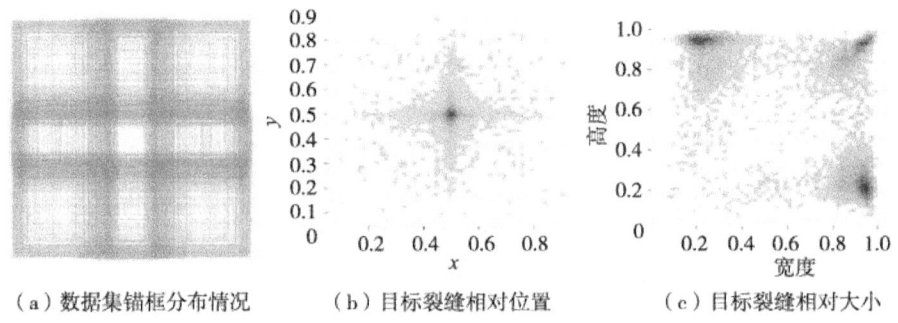

(a) 数据集锚框分布情况　　(b) 目标裂缝相对位置　　(c) 目标裂缝相对大小

图 4-8　裂缝锚框可视化（见彩插）

图 4-8（a）中蓝色矩形框为横向裂缝锚框，橙色矩形框为纵向裂缝锚框，绿色矩形框为块状裂缝锚框，可以直观地看出数据集中 3 类裂缝的锚框形状、大小，以及相对位置分布情况。图 4-8（b）为沥青路面裂缝数据集以图像左下角为坐标原点，分别以水平和垂直方向为 x 轴、y 轴建立直角坐标系，并以 x 轴和 y 轴的相对坐标值来反映目标裂缝相对位置信息，可以看出，目标裂缝的相对位置大多位于图像中心，并在水平和垂直

方向上向外发散,整体分布呈现"十"字形。图4-8(c)为统计裂缝锚框宽度及高度的数值大小,以宽度为横坐标、高度为纵坐标来反映裂缝锚框相对大小分布。可以看出,裂缝锚框宽度主要占据图像宽度的18%～30%及90%～98%,裂缝锚框高度主要占据图像高度的10%～25%及85%～98%,目标裂缝锚框的宽度及高度分布都比较集中。其中,横向裂缝、纵向裂缝的锚框纵横比较为极端,而块状裂缝的锚框在图像中占比较大且纵横比接近1。

2. K-means 聚类算法

由于YOLOv5中默认锚框是针对COCO数据集预设,导致模型对于部分几何属性异常的裂缝(锚框纵横比较为极端)、目标锚框与初始锚框相差较大的裂缝,检测效果相对较差。因此,本书基于聚类算法重新选取裂缝锚框的初始锚点,生成合适的初始锚框,从而提升检测精度。

K-means 聚类流程如图4-9所示,其具体聚类步骤为:

(1) 对于图4-9(a)中的点,随机设定3个初始聚类中心点,图中以"★"表示。

(2) 图4-9(b)为将所有蓝色点分别划分到距离这个点最近的聚类中心"★"所代表的类中,最终形成3个类,分别以红色、蓝色、黑色表示。

(3) 图4-9(c)中"★"为划分完成后每个类计算出的平均中心点,即新聚类中心点。

(4) 以欧氏距离为度量,找到距离每个点最近的聚类中心点。

(5) 重复步骤(3)、(4),直到聚类中心点位置不再改变,如图4-9(d)所示。

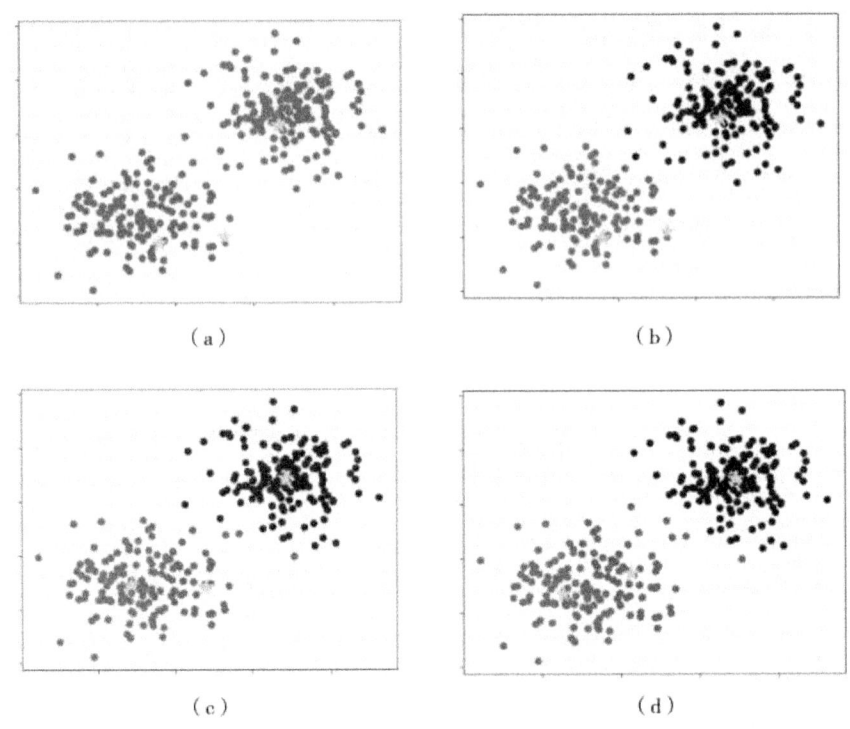

图 4-9 k-means 聚类流程示例（见彩插）

3. K-means++ 聚类算法

K-means 聚类算法得到的聚类结果严重依赖于初始聚类中心的选择[81]，并且由于该算法初始聚类中心的随机选择性，导致最终聚类结果陷入局部最优解的可能性很大。而 K-means++ 聚类算法虽然也是随机选择初始聚类中心，但该算法改进了新聚类中心点的选取方法，具体规则为：距离当前已有的聚类中心越远，被选作新聚类中心点的概率越大[82]，K-means++ 聚类具体流程如下。

（1）在所有数据点集合中随机选择初始聚类中心。

（2）计算每个数据点与最近的聚类中心之间的距离 D。

（3）按照 D 越大，被选取为新的聚类中心点概率越大的原则，选取新的聚类中心。

(4) 重复步骤 (2)、(3),直到选择了 K 个聚类中心点。

(5) 以选取的 K 个聚类中心点作为初始聚类中心,继续运行 K-means 算法进行聚类。

K-means++ 聚类算法为 K-means 聚类算法提供了 K 个初始聚类中心,从而避免了 K-means 聚类算法在随机选取初始聚类中心时所带来的问题,大大减少了对初始聚类中心的依赖。

4. 聚类算法改进测试

在 YOLOv5 中,对于初始锚框将采用遗传算法进行随机变异,并采用 Anchor_Fitness 算法计算适应度(Fitness)作为变异结果的评估指标,若效果更好则将变异结果输出为新锚框,否则重新进行变异(默认变异次数为 1000 次)。对沥青路面裂缝数据集分别采用 K-means 聚类算法和 K-means++ 聚类算法聚类锚点,默认锚框和聚类锚框如表 4-2 所示。

表 4-2 默认锚框及聚类锚框

聚类算法	初始锚框	适应度	遗传算法变异后锚框	适应度
无	[10,13][16,30][33,23][30,61][62,45][59,119][116,90][156,198][373,326]	0.6231	[9,12][17,29][32,24][31,60][60,44][58,121][114,92][160,196][372,324]	0.6329
K-means	[82,392][388,83][105,390][380,122][138,382][243,350][334,312][355,357][390,388]	0.8919	[80,382][380,84][103,373][379,123][140,367][233,346][339,296][352,350][391,388]	0.8929
K-means++	[79,392][388,84][98,392][120,371][380,122][156,388][302,325][354,345][387,386]	0.9144	[78,378][381,84][97,387][120,367][370,122][159,376][305,324][354,349][387,385]	0.9153

由表 4-2 可见，YOLOv5 默认的初始锚框对于沥青路面裂缝数据集的适应度为 0.6231，在经过遗传变异后也只有 0.6329，表明原模型针对 COCO 数据集的预设锚框难以匹配本书裂缝数据集锚框。而 K-means 聚类算法及 K-means++ 聚类算法聚类得到的初始锚框，适应度分别达到了 0.8919、0.9144，在经过遗传变异后分别达到了 0.8929、0.9153，远高于默认初始锚框，表明在经过 K-means 聚类算法及 K-means++ 聚类算法聚类得到的锚框，对于本书的裂缝数据集具有更好的适应度。

将 K-means 聚类算法及 K-means++ 聚类算法聚类得到的锚框作为 YOLOv5s 初始锚框，在本书所建立的沥青路面裂缝数据集上训练和测试，结果如表 4-3 所示。

表 4-3 不同聚类算法检测精度测试

网络模型	锚框	P	R	$F1$	mAP@0.5	mAP@[0.5:0.95]
YOLOv5s	默认锚框	85.36%	79.03%	82.07%	78.32%	42.72%
YOLOv5s	K-means 聚类锚框	87.26%	82.41%	84.77%	82.03%	45.92%
YOLOv5s	K-means++ 聚类锚框	88.48%	83.64%	85.99%	83.45%	47.32%

由表 4-3 可见，对于采用了默认锚框的 YOLOv5s 原模型，其 $F1$ 值、mAP@0.5，以及 mAP@[0.5:0.95] 分别为 82.07%、78.32% 和 42.72%，而采用了聚类锚框的 YOLOv5s 改进模型，其各项评价指标相较于原模型均有不同程度的提升。其中，采用了 K-means++ 聚类锚框相较于采用 K-means 聚类锚框，其 $F1$ 值、mAP@0.5，以及 mAP@[0.5:0.95] 分别提升了 1.22%、1.42% 和 1.40%。可见，K-means++ 聚类的锚框更加适应本书的沥青路面裂缝数据集。因此，选择 K-means++ 聚类的锚框作为本书 YOLOv5s 改进模型的初始锚框。

（三）注意力机制

YOLOv5 原模型的测试是在公共数据集 COCO 和 VOC 上进行的，这两个数据集中大部分待检测目标在图像中的占比较大且较为清晰，而本书的检测目标为路面裂缝，大部分裂缝在图像中的面积占比较小，尤其对于部分细小裂缝，YOLOv5s 原模型在经过多次卷积运算后可能会导致小目标区域信息丢失，从而降低模型整体检测精度。针对上述问题，本书在 YOLOv5s 网络结构中融入注意力模块，使神经网络更加关注存在重要信息的目标区域，从而提高对细小裂缝等小目标的检测精度。常见的注意力模块包括通道注意力模块、空间注意力模块、卷积注意力模块，以及混合注意力模块。

1. 通道注意力模块

通道注意力模块通过网络学习方式自动获取每个特征通道的重要程度，再为每个通道赋予不同的权重系数，从而强化重要特征、抑制非重要特征。通道注意力模块的通道维度不变，压缩空间维度，其结构如图 4–10 所示。

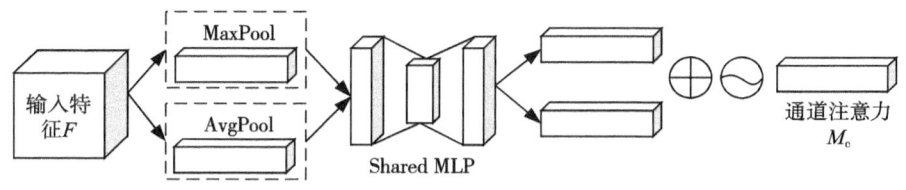

图 4–10　通道注意力模块结构

2. 空间注意力模块

空间注意力模块是将原始图片中的空间信息变换到另一个空间，为每个位置生成权重掩膜并加权输出，从而增强感兴趣的特定目标区域，同时弱化不相关的背景区域。空间注意力模块的空间维度不变，压缩通道维度，其结构如图 4–11 所示。

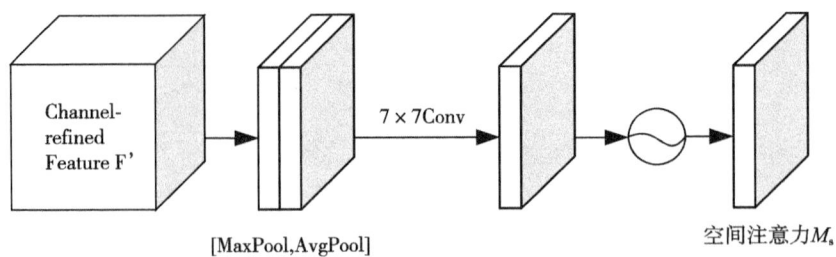

图 4-11　空间注意力模块结构

3. 卷积注意力模块

卷积注意力模块（Convolutional Block Attention Module，CBAM）是目前最常用的混合注意力模块，其结构如图 4-12 所示。CBAM 由通道注意力模块和空间注意力模块组成，它可以增强特征图中重要的空间及通道特征，并且能够集成到任何卷积神经网络架构中进行端到端的训练[85]。

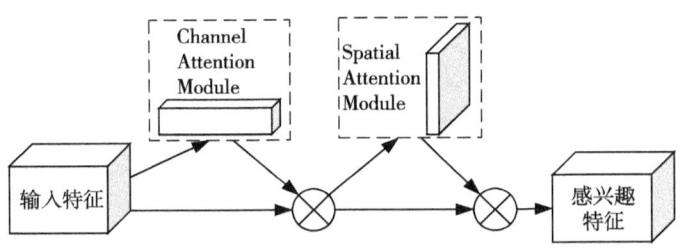

图 4-12　卷积注意力模块结构

4. 注意力模块添加测试

本书在 YOLOv5s 网络结构的每个特征融合之后（"add""concat"结构之后）及 Prediction 部分的卷积层之前[86]，按照先通道再空间的顺序[87]将 CBAM 注意力模块分别添加至 YOLOv5 网络结构的 Backbone 部分、Neck 部分，以及 Prediction 部分的相应位置，各部分具体添加位置如图 4-13 所示。

第四章 目标检测模型

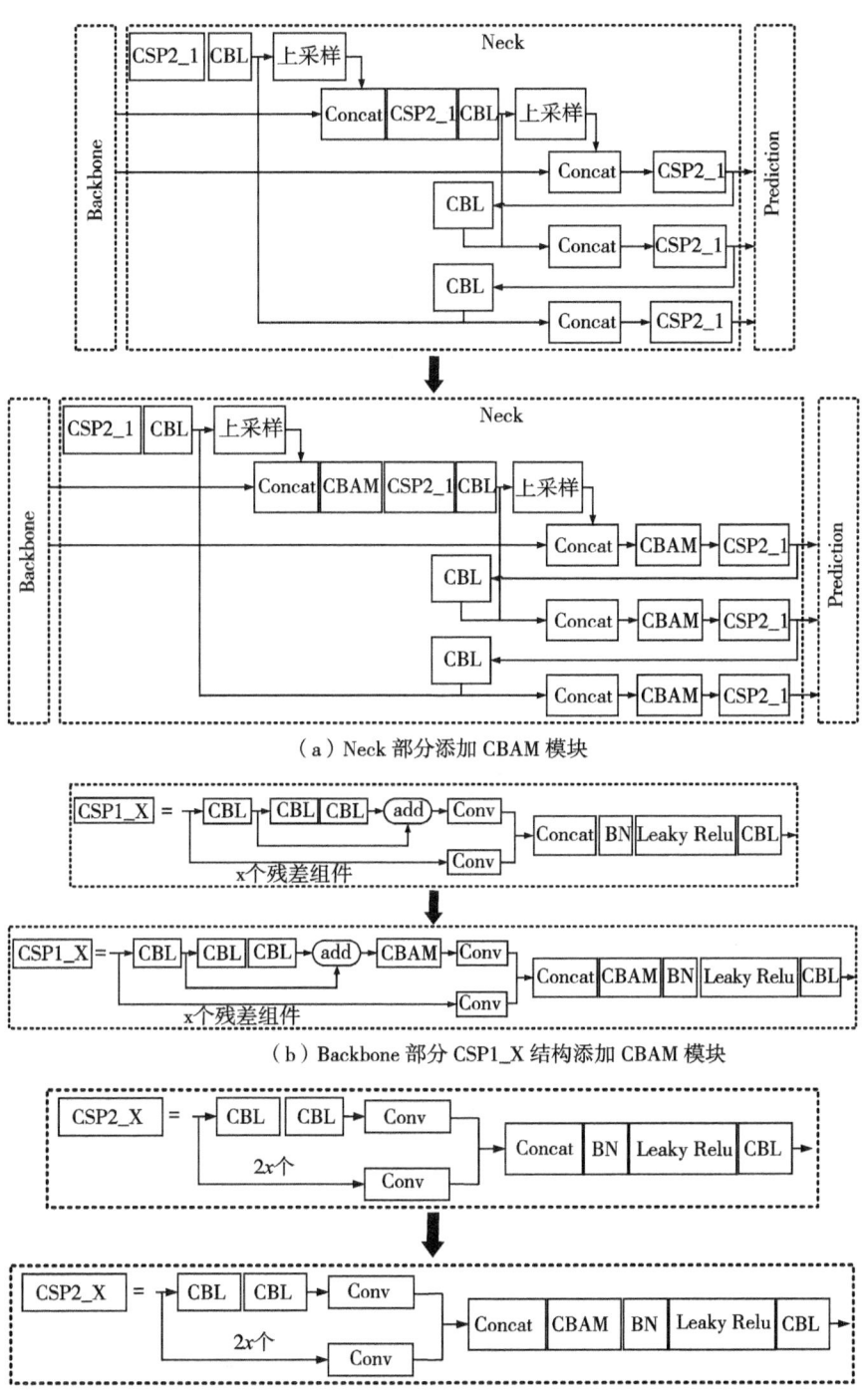

(a) Neck 部分添加 CBAM 模块

(b) Backbone 部分 CSP1_X 结构添加 CBAM 模块

(c) Neck 部分 CSP2_X 结构添加 CBAM 模块

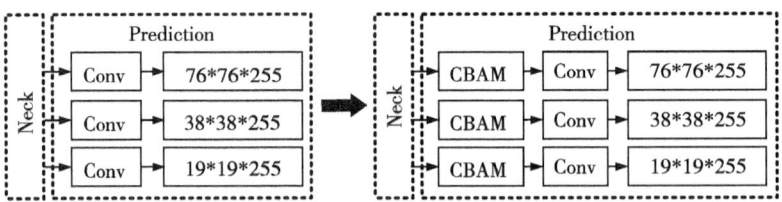

(d) Prediction 部分添加 CBAM 模块

图 4-13 卷积注意力模块添加位置

图 4-13 中，（a）为 Backbone 部分在 CSP1_X 结构的"add"及"concat"之后分别添加 CBAM 模块；（b）为 Neck 部分在"add"及"concat"之后分别添加 CBAM 模块；（c）为 Neck 部分在 CSP2_X 结构的"add"及"concat"之后分别添加 CBAM 模块；（d）为 Prediction 部分在卷积层之前添加 CBAM 模块。将添加 CBAM 模块后的模型在本书沥青路面裂缝数据集及 Crack200 数据集[88]（细小裂缝数据集）上进行训练和测试，实验结果如表 4-4 所示。

表 4-4 CBAM 模块不同添加位置检测性能测试

CBAM 模块添加位置	本书数据集		Crack200 数据集	
	mAP@0.5	mAP@[0.5:0.95]	mAP@0.5	mAP@[0.5:0.95]
不添加（原模型）	78.32%	42.72%	70.32%	38.49%
Backbone 部分	77.46%	41.28%	72.16%	39.84%
Neck 部分	84.85%	44.59%	74.54%	41.13%
Prediction 部分	86.09%	45.85%	75.24%	41.78%

由表 4-4 可见，相较于原模型，在 Backbone 部分添加 CBAM 模块后，模型在本书数据集上的 mAP@0.5 及 mAP@[0.5:0.95] 分别下降了 0.86% 和 1.44%，而在 Crack200 数据集上的 mAP@0.5 及 mAP@[0.5:0.95] 分别提升了 1.84% 和 1.35%，表明原模型 Backbone 部分的特征提取能力已经达到了较高水平，在添加 CBAM 模块后，对于细小裂缝的检测精度有所提升，但模型关注点更加偏向于裂缝细节特征，反而忽视了裂缝整体特征，导致

模型整体检测精度降低；在 Neck 部分或 Prediction 部分添加 CBAM 模块后，模型的检测能力相较于原模型都得到大幅提升。其中，将 CBAM 模块添加到 Prediction 部分相较于 Neck 部分，在本书数据集上的 mAP@0.5 及 mAP@[0.5:0.95] 分别提升了 1.24% 和 1.26%，并且在 Crack200 数据集上的 mAP@0.5 及 mAP@[0.5:0.95] 分别提升了 0.70% 和 0.65%。综上，本书采用将 CBAM 注意力模块添加到 Prediction 部分的 YOLOv5s 改进方案。

（四）损失函数

目标检测任务的损失函数由类别损失函数和回归损失函数组成，目前常用的回归损失函数包括 2016 年提出的 IoU_Loss（Intersection over Union）、2019 年提出的 GIoU_Loss，以及 2020 年提出的 DIoU_Loss、CIoU_Loss。

1. IoU_Loss

IoU_Loss 是通过计算预测框 A 与目标框 B 之间的交并比得到的，即 $IoU(A,B) = (A \cap B)/(A \cup B)$，但 IoU_Loss 也存在一定局限性，如图 4-14 所示，图 4-14（a）至图 4-14（d）中 A、B 框相交且 IoU 值相同，但 IoU_Loss 不能反映两个框具体是如何相交；图 4-14（e）中 A、B 框不相交，即 $IoU(A,B) = 0$ 时，IoU_Loss 不能反映 A 和 B 之间的距离。

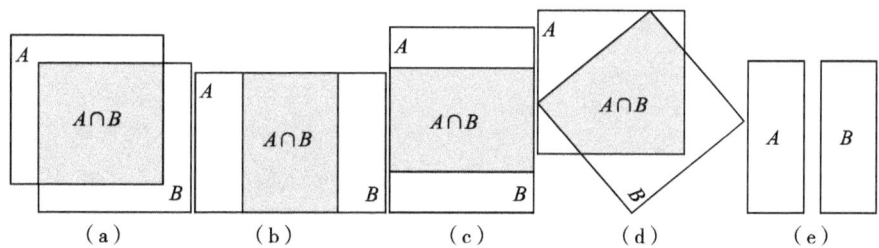

图 4-14 IoU 示意

2. GIoU_Loss

YOLOv5s 原模型所采用的 GIoU_Loss 损失函数的数学表达如式（4-5）至式（4-6）所示。

$$\text{GIoU}(A,B) = \text{IoU}(A,B) - \frac{|C| - |A \cup B|}{|C|}, \quad (4-5)$$

$$Loss_{\text{GIoU}} = 1 - \text{GIoU}(A,B) = 1 - \text{IoU}(A,B) + \frac{|C| - |A \cup B|}{|C|}。 \quad (4-6)$$

其中，C 是包含 A 和 B 的外接最小矩形。GIoU 原理如图 4-15 所示，该函数克服了 IoU 中 A 和 B 不相交的情况，可以看作 IoU 的下边界（小于等于 IoU）；当出现图 4-15（b）中 A、B 框没有重叠区域时，GIoU 是一个在 [-1, 0] 范围内变化且存在一定梯度的数字，可以通过缩小 A、B 框之间的距离进行优化；当多个面积相同的预测框在目标框内部不同位置，或相同位置但长宽比不同时，A、B 差集相同，导致 GIOU_Loss 无法区分目标框与预测框的相对位置关系，如图 4-15（c）至图 4-15（e）所示。

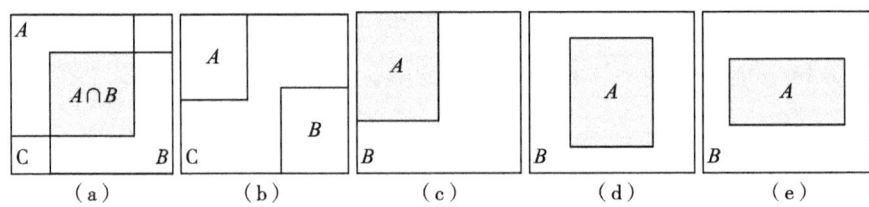

图 4-15 GIoU 示意

3. DIoU_Loss

DIoU_Loss 损失函数的数学表达如式（4-7）和式（4-8）所示。

$$DIoU = IoU - \frac{p^2(b, b^{gt})}{c^2}, \quad (4-7)$$

$$Loss_{\text{DIoU}} = 1 - DIoU = 1 - IoU + \frac{p^2(b, b^{gt})}{c^2}。 \quad (4-8)$$

其中，b 和 b^{gt} 分别表示预测框 A 和目标框 B 的中心点，c 表示 A、B 之间所构成外接最小矩形 C 的对角线距离，p 表示两个中心点之间的欧氏距离。DIoU_Loss 原理如图 4-16 所示，解决了 GIoU_Loss 中预测框 A 在目标框 B 内部时，无法计算两个目标框之间距离的问题，但当目标框 B 内部不同预测框 A 中心点位置相同但长宽比不同时，DIoU_Loss 计算出的值相同，如图 4-16（b）、图 4-16（c）所示。

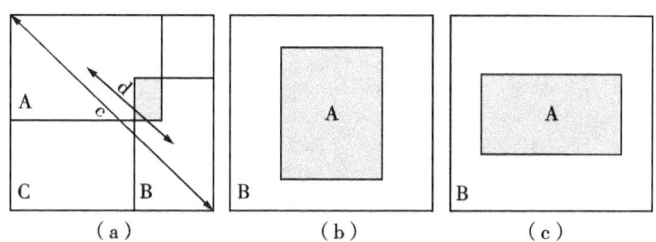

图 4-16 DIoU 示意

4. CIoU_Loss

部分学者在 DIoU_Loss 的基础上提出了 CIoU_Loss，该函数同时考虑了预测框 A 和目标框 B 的重叠面积、中心点距离、长宽比[89]，其数学表达式如式（4-9）至式（4-10）所示。

$$CIoU = IoU - \left(\frac{p^2(b, b^{gt})}{c^2} + \alpha v \right), \quad (4-9)$$

$$Loss_{CIoU} = 1 - CIoU = 1 - IoU + \frac{p^2(b, b^{gt})}{c^2} + \alpha v。 \quad (4-10)$$

其中，α 为权重参数，v 用于测量纵横比的相似性，计算方法如式（4-11）至式（4-12）所示。

$$v = \frac{4}{\pi^2} \left(\arctan \frac{w^{gt}}{h^{gt}} - \arctan \frac{w}{h} \right)^2, \quad (4-11)$$

$$\alpha = \frac{v}{(1 - IoU) + v}。 \quad (4-12)$$

其中，w^{gt} 为目标框的宽，h^{gt} 为目标框的高，w 为预测框宽，h 为预测框的高。

5. 改进损失函数测试

基于 YOLOv5s 采用不同类型回归损失函数,在本书的沥青路面裂缝数据集上进行训练和测试,实验结果如表 4-5 所示。

表 4-5　不同损失函数检测精度测试

损失函数	P	R	$F1$	mAP@0.5	mAP@[0.5:0.95]
IoU_Loss	61.48%	55.36%	58.26	49.65%	28.12%
GIoU_Loss	85.36%	79.03%	82.07	78.32%	42.72%
DIoU_Loss	86.16%	81.65%	83.84	79.86%	43.15%
CIoU_Loss	88.63%	84.12%	86.32	82.26%	44.64%

由表 4-5 可见,YOLOv5s 采用 GIoU_Loss(原模型)在本书数据集上的 mAP@0.5 及 mAP@[0.5:0.95] 分别为 78.32% 和 42.72%;IoU_Loss 相较于原模型,mAP@0.5 及 mAP@[0.5:0.95] 分别下降了 28.67%、14.60%,对于本书数据集裂缝锚框的处理效果较差;DIoU_Loss 及 CIoU_Loss 相较于原模型,在本书数据集上的检测精度都有一定程度的提高,并且 CIoU_Loss 的 mAP@0.5 及 mAP@[0.5:0.95] 相较于 DIoU_Loss 分别提高了 2.40%、1.49%。因此,本书采用考虑了长宽比、重叠面积,以及中心点距离的 CIoU_Loss,替换 YOLOv5s 原有的 GIoU_Loss 作为目标检测模型的回归损失函数,提高锚框的定位精度,从而提升模型检测精度。

三、改进 YOLOv5s 测试

综合以上改进方案,在 YOLOv5s 原模型的基础上,首先,通过 K-means++ 聚类算法得到模型的初始锚框;其次,在模型的 Prediction 部分添加 CBAM 注意力模块；最后，采用 CIoU_Loss 函数作为模型的回归损失函数。将 YOLOv5s 原模型与改进模型在本书建立的沥青路面裂缝数据集上进行训练和测试，实验结果如表 4-6 所示。

表 4-6　YOLOv5s 原模型与改进模型测试

YOLOv5s	P	R	$F1$	mAP@0.5	mAP@[0.5:0.95]	FPS/(f/s)
原模型	85.36%	79.03%	82.07%	78.32%	42.72%	286
改进模型	94.95%	88.02%	91.35%	90.58%	56.08%	260

由表 4-6 可见，YOLOv5s 改进模型的精确度、召回率、$F1$ 值、mAP@0.5 和 mAP@[0.5:0.95] 相较于原模型分别提升了 9.59%、8.99%、9.28%、12.26%，以及 13.36%，而 FPS 仅下降了 26 f/s，表明 YOLOv5s 改进模型的整体检测性能优于原模型。为了充分证明上述结论，从 PR 曲线[90]、混淆矩阵（Confusion Matrix）[91]，以及各项评价指标迭代曲线等方面进行详细对比，并进行消融实验[92]验证改进方案的合理性。

1. 各项评价指标迭代曲线

YOLOv5s 原模型与改进模型各指标随迭代次数增加的变化曲线如图 4-17 所示。

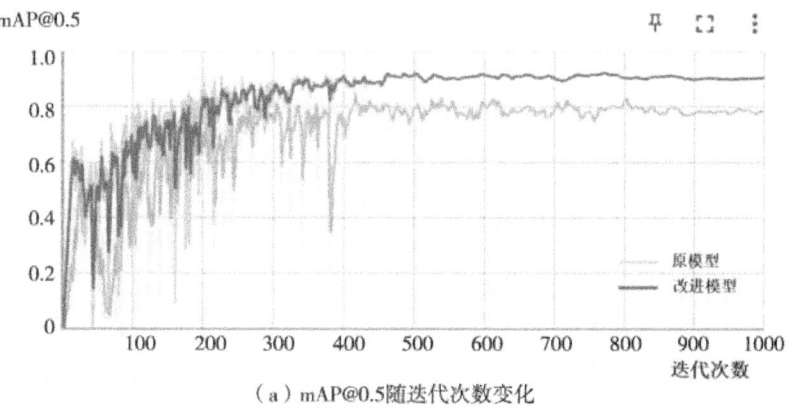

（a）mAP@0.5 随迭代次数变化

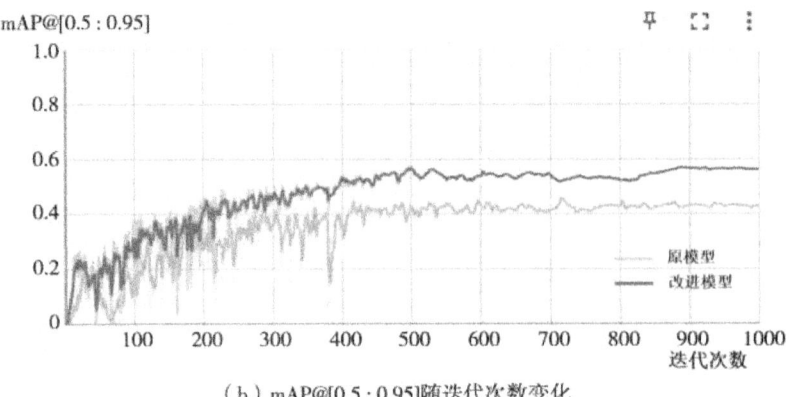

(b) mAP@[0.5:0.95]随迭代次数变化

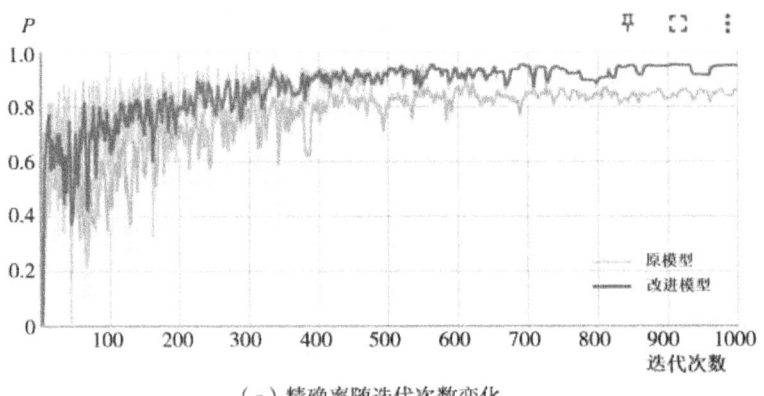

(c) 精确率随迭代次数变化

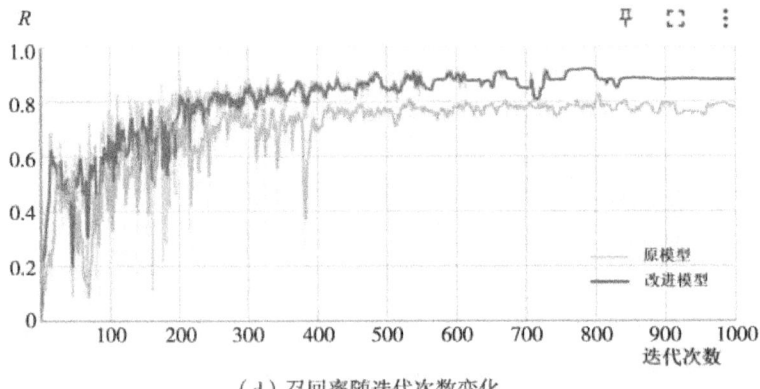

(d) 召回率随迭代次数变化

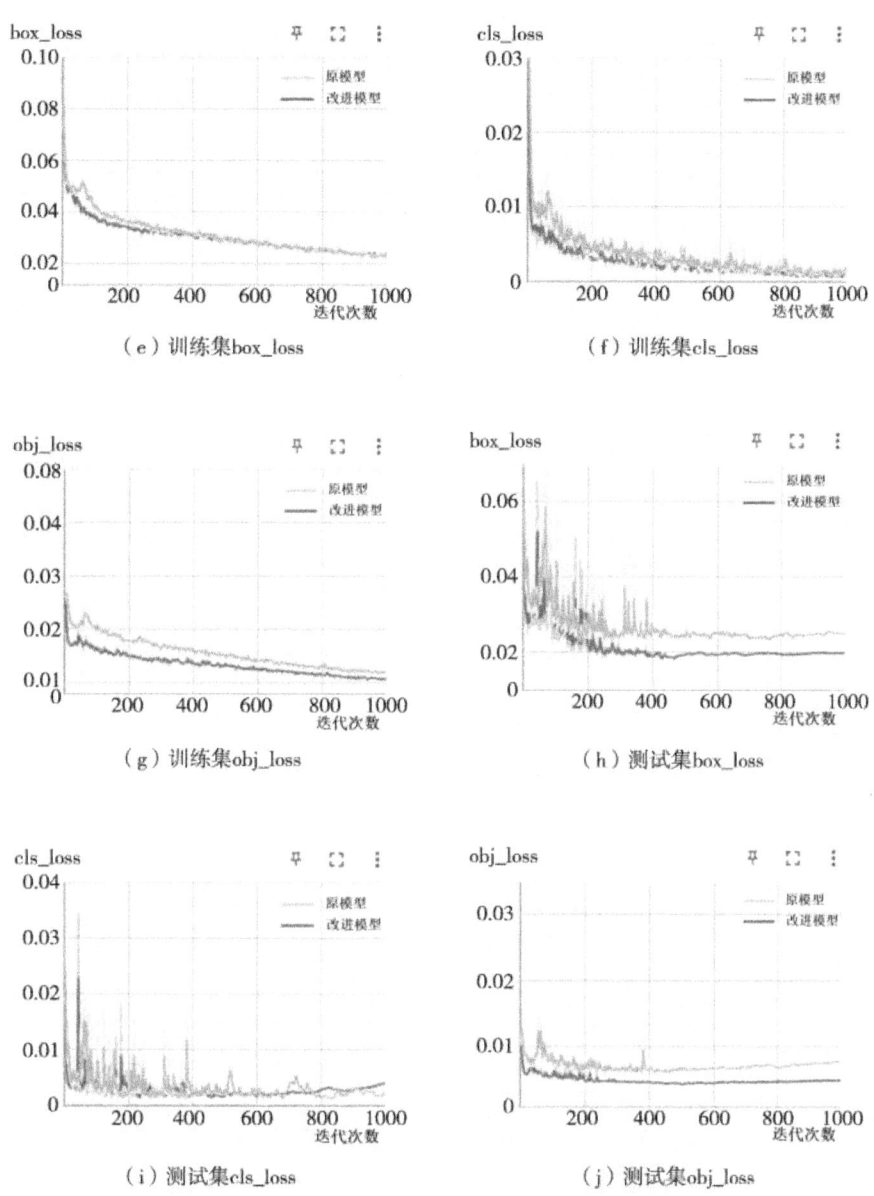

图 4-17 YOLOv5s 原模型与改进模型迭代曲线（见彩插）

图 4-17 中，随着迭代次数的增加，YOLOv5s 原模型与改进模型的 mAP@0.5、mAP@[0.5:0.95]、精确率，以及召回率都呈现迅速升高、缓慢升高、趋于平稳 3 个阶段，而两种模型的训练集和测试集各项损失值则呈现迅速降低、缓慢降低、趋于平稳 3 个阶段；由图 4-17（a）至图 4-17（d）可见，YOLOv5s 改进模型的各项评价指标在各个迭代阶段均高于原模型，并且改进模型相较于原模型，曲线波动较小，整体检测效果更加稳定；由图 4-17（e）至图 4-17（j）可见，YOLOv5s 原模型与改进模型在训练集上的各项损失值都较为稳定且差异较小，而在测试集上均有不同程度的波动。其中，原模型与改进模型的分类损失 cls_loss 基本相同，并且由于采用了 K-means++ 聚类锚框及 CIoU_Loss 损失函数，改进模型的锚框回归损失 box_loss 及置信度损失 obj_loss 均低于原模型。

2. PR 曲线

PR 曲线以召回率为横坐标，精确率为纵坐标，综合反映两者的关系，从而反映模型对各类别图像的检测精度，YOLOv5s 原模型及改进模型的 PR 曲线如图 4-18 所示。

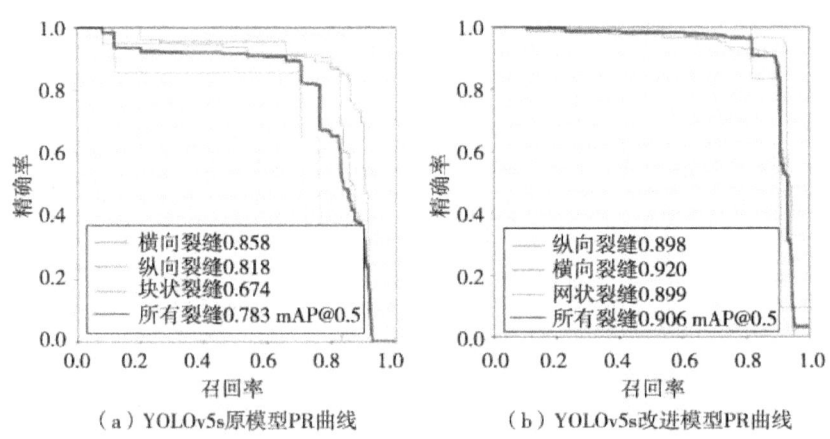

（a）YOLOv5s 原模型 PR 曲线　　（b）YOLOv5s 改进模型 PR 曲线

图 4-18　YOLOv5s 原模型与改进模型 PR 曲线（见彩插）

图 4-18（a）中，YOLOv5s 原模型 PR 曲线较为分散，表明模型对于 3 类裂缝的检测效果差异较大。其中，横向裂缝、纵向裂缝的检测精度分别为 85.8%、81.8%，而块状裂缝的检测精度只有 67.4%，远低于模型的平均检测精度 mAP。相较于 YOLOv5s 原模型，图 4-18（b）中 YOLOv5s 改进模型的 PR 曲线较为集中，并且模型对各类裂缝均取得了较好的检测效果，横向裂缝、纵向裂缝，以及块状裂缝的检测精度分别达到了 89.8%、92.0%、89.9%。其中，由于初始锚框及损失函数的改进，模型对于块状裂缝的检测效果获得了显著提升，检测精度提高了 22.5%。

3. 混淆矩阵

混淆矩阵是反映图像检测精度的可视化工具，纵坐标表示模型的预测类别，横坐标表示数据的真实类别，YOLOv5s 原模型与改进模型的混淆矩阵对比如图 4-19 所示。

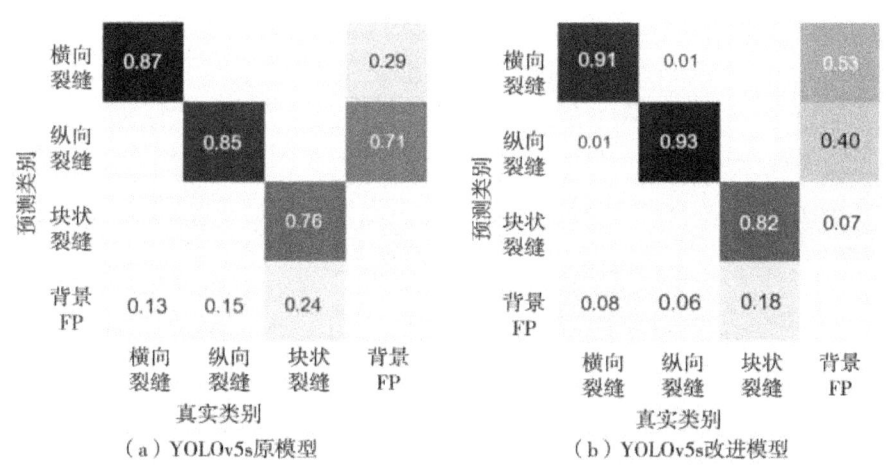

（a）YOLOv5s 原模型　　　（b）YOLOv5s 改进模型

图 4-19　混淆矩阵对比

混淆矩阵的纵坐标表示模型的预测类别，横坐标表示数据的真实类别。图 4-19 中，YOLOv5s 原模型对于横向裂缝、纵向裂缝，以及块状裂缝的正确预测数量分别占该类型总数的 87%、85%、76%，而改进模型对于3类裂缝的正确预测数量占比相较于原模型分别提升了4%、8%、6%，表明YOLOv5s改进模型比原模型具有更高的检测精确度及更好的检测稳定性。

4. 消融实验

为了证明各项改进方案都能够对YOLOv5s模型检测效果产生正向影响，且不会相互抵消或冲突，对YOLOv5s改进模型进行消融实验，实验结果如表4-7所示。

表4-7　YOLOv5s不同改进消融实验

方法	K-means++	CBAM	CIoU_Loss	P	R	$F1$	mAP@0.5	mAP@[0.5:0.95]	FPS/(f/s)
原模型	×	×	×	85.36%	79.03%	82.07%	78.32%	42.72%	286
方法1	√	×	×	88.48%	83.64%	85.99%	83.45%	47.32%	302
方法2	×	√	×	87.82%	81.45%	84.52%	86.09%	45.85%	278
方法3	×	×	√	88.63%	84.12%	86.32%	82.26%	44.64%	272
方法4	√	×	√	91.06%	87.33%	89.16%	86.03%	51.72%	275
方法5	√	√	×	89.42%	85.26%	87.29%	89.54%	52.69%	281
方法6	×	√	√	91.56%	86.52%	88.94%	88.79%	53.49%	249
方法7	√	√	√	94.95%	88.02%	91.35%	90.58%	56.08%	260

注："√"表示采用该项方案，"×"表示未采用该项方案。

表4-7中，方法1至方法3表明各项改进方案都会对模型的检测效果产生正向影响，精确度、召回率、$F1$值、mAP@0.5，以及mAP@[0.5:0.95]相较于原模型均有不同程度的提升，FPS的变化也在合理范围内；方法4至方法7表明，改进方法叠加使用的效果不是单项改进效果的直接相加，而是在一项改进效果的基础上又获得了小幅度提升，并且各项改进方法之间不会相互抵消或产生冲突，均对模型检测性能有一定程度的提升。表4-7中不同改进方法的各项评价指标随迭代次数变化曲线如图4-20所示。

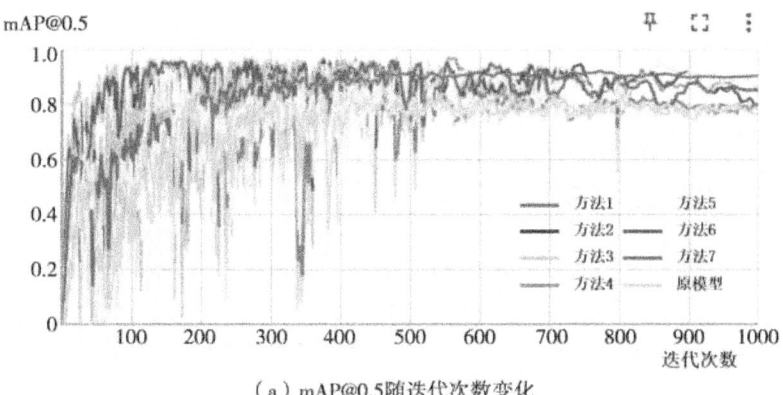

(a) mAP@0.5随迭代次数变化

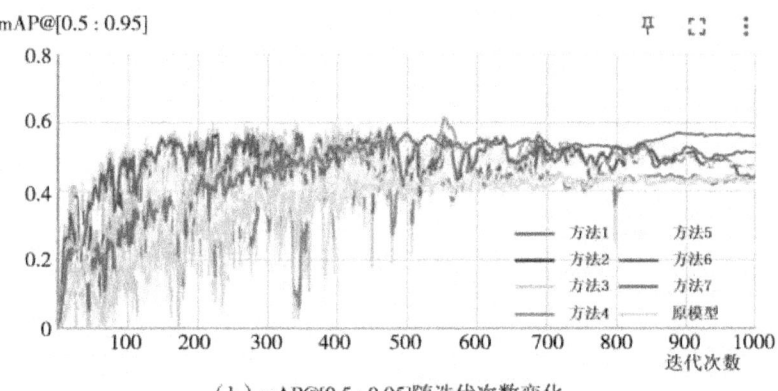

(b) mAP@[0.5:0.95]随迭代次数变化

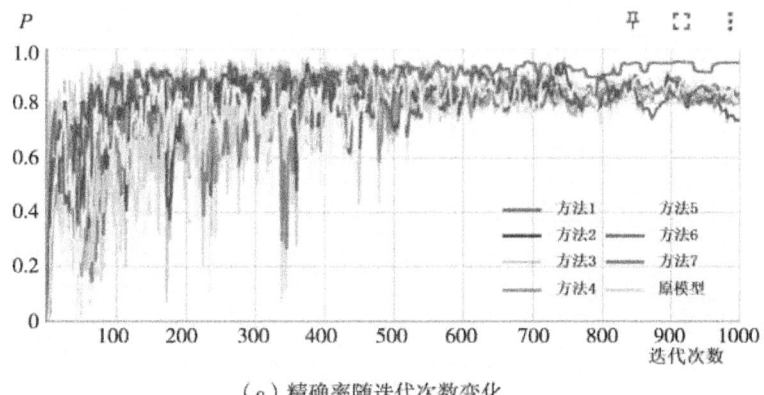

(c) 精确率随迭代次数变化

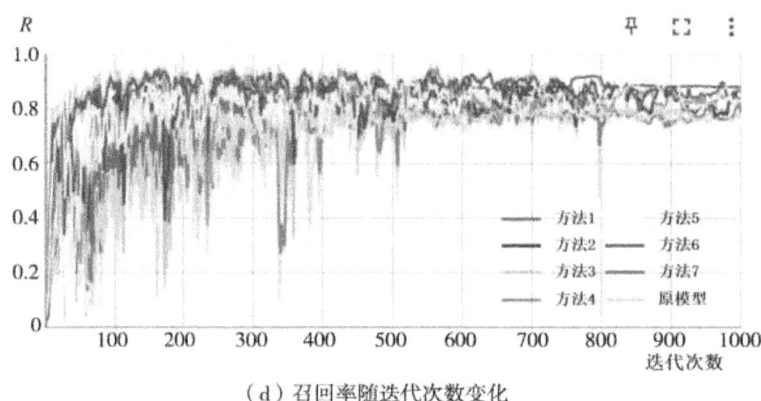

（d）召回率随迭代次数变化

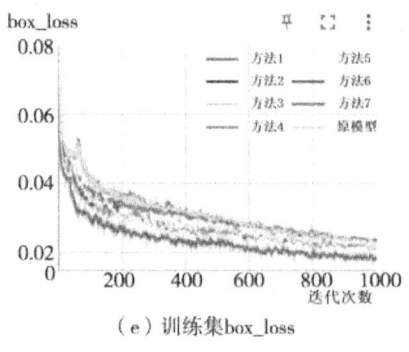

（e）训练集box_loss

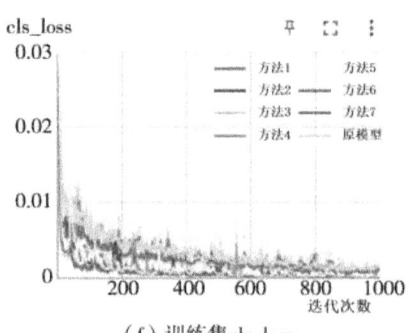

（f）训练集cls_loss

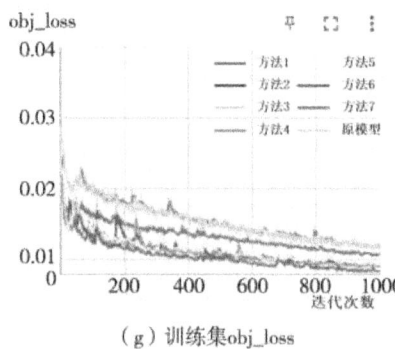

（g）训练集obj_loss

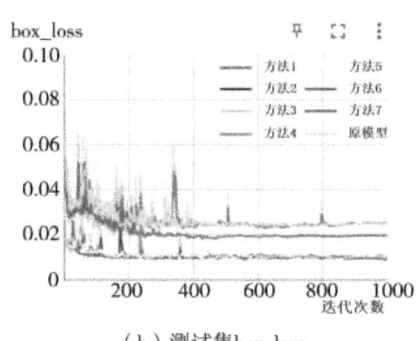

（h）测试集box_loss

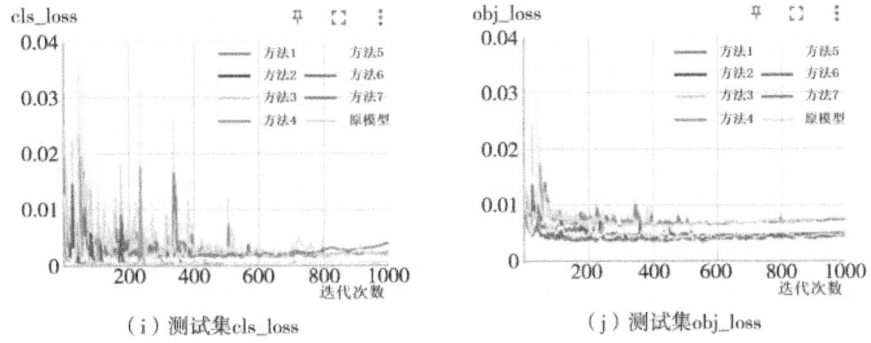

(i) 测试集cls_loss   (j) 测试集obj_loss

图4-20 YOLOv5s各改进模型迭代曲线 (见彩插)

由表4.7及图4.20可见,三项改进方案都采用的YOLOv5s改进模型(方法7),其精确度、召回率、mAP@0.5以及mAP@[0.5:0.95]均高于其他方法,并且框回归损失(box_loss)、类别分类损失(cls_loss)、目标置信度损失(obj_loss)以及损失函数收敛速度也优于其他模型。

5. 检测结果可视化对比

选取部分具有代表性的裂缝图像,分别输入YOLOv5s原模型与改进模型中进行检测,其中部分图像检测结果可视化对比如图4-21所示。

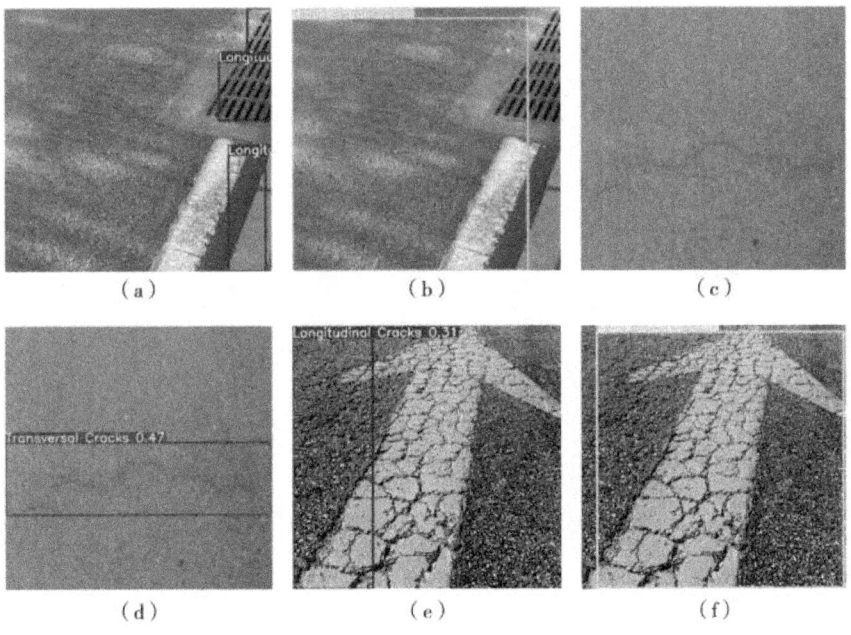

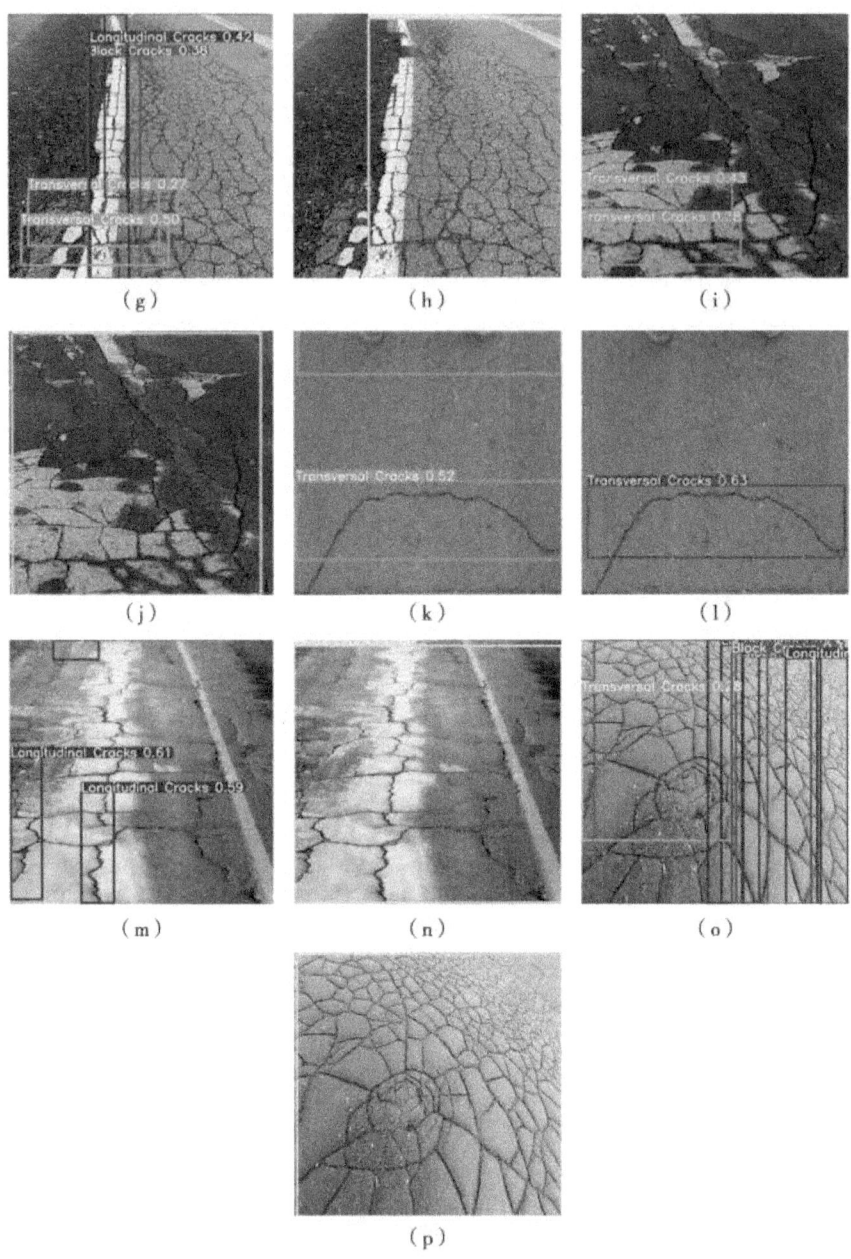

图 4-21 检测结果可视化对比(见彩插)

其中，图 4-21（a）为原模型将路沿石以及下水道误判为纵向裂缝，图 4-21（c）为原模型未检测出细小裂缝，图 4-21（e）为原模型将高对比度的路面标线边缘误判为纵向裂缝，图 4-21（g）为原模型将路面标线上高对比度的网状裂缝误判为各类裂缝混合状态，图 4-21（i）为原模型未识别出路面水渍处低对比度的块状裂缝，图 4-21（k）为原模型将干扰物误判为裂缝，图 4-21（m）为原模型将雨天积水反光处的裂缝误判为纵向裂缝，图 4-21（o）为原模型将块状裂缝误判为各类裂缝混合状态。其他图像分别为改进模型所对应的正确识别图像，可以看出改进模型对于路面裂缝的检测能力及模型泛化能力都得到了显著提升。

四、GoogLeNet + YOLOv5s

GoogLeNet 图像识别算法在对裂缝进行识别时准确率较高且检测速度较快，但其为裂缝图像赋予单一标签的方式较为粗糙，在工程应用中局限性较大。而 YOLOv5s 目标检测模型能够同时实现目标的识别与定位，为裂缝图像赋予的标签中包括裂缝类别信息及位置信息。因此，本书将改进 GoogLeNet 与改进 YOLOv5s 相结合，采取"先筛分后定位"的裂缝检测方式。具体为：先基于改进 GoogLeNet 图像识别模型将含有裂缝的图像筛选出来，然后基于改进 YOLOv5s 目标检测模型对筛选出的裂缝图像进行锚框定位，输出裂缝的类别信息和位置信息。

1. GoogLeNet + YOLOv5s 测试

YOLOv5s 原模型、改进模型，以及 GoogLeNet + YOLOv5s 在本书沥青路面裂缝数据集上的测试结果如表 4-8 所示，各项指标随迭代次数增加的变化曲线如图 4-22 所示。

表4-8 GoogLeNet + YOLOv5s 对比测试

模型	P	R	F1	mAP@0.5	mAP@[0.5:0.95]	FPS/(f/s)
YOLOv5s 原模型	85.36%	79.03%	82.07%	78.32%	42.72%	286
YOLOv5s 改进模型	94.95%	88.02%	91.35%	90.58%	56.08%	260
GoogLeNet + YOLOv5s	90.42%	90.70%	90.56%	93.77%	57.12%	224

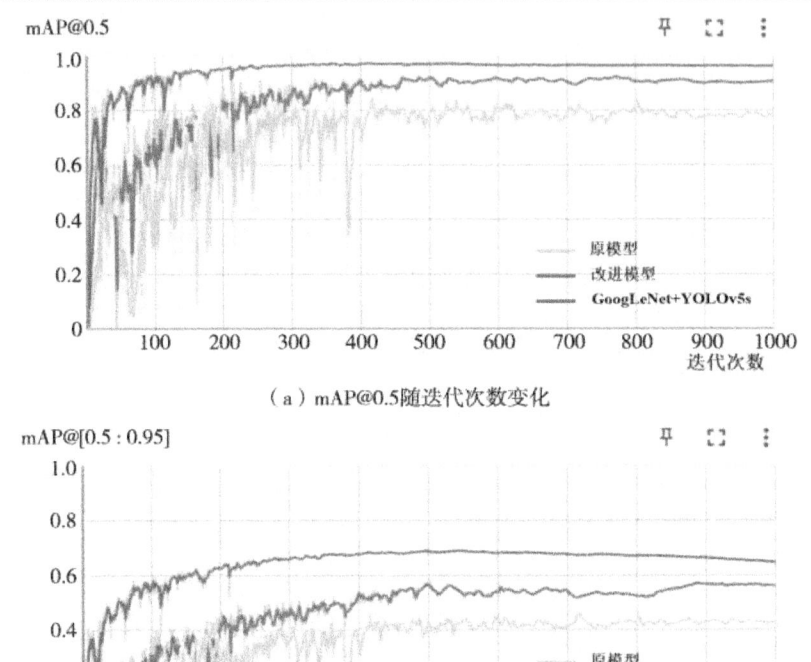

（a）mAP@0.5随迭代次数变化

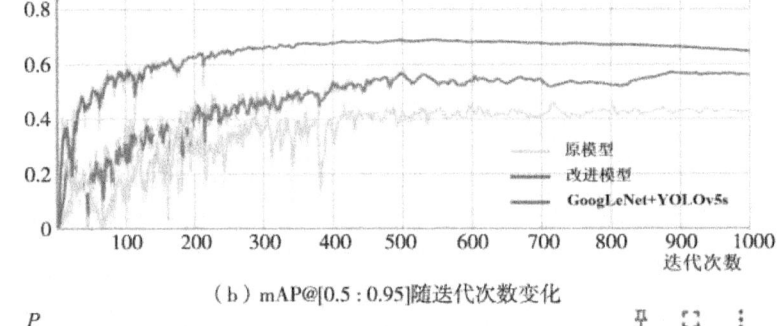

（b）mAP@[0.5:0.95]随迭代次数变化

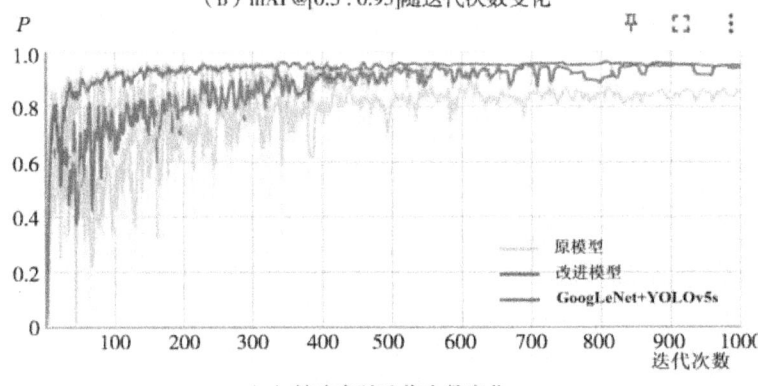

（c）精确率随迭代次数变化

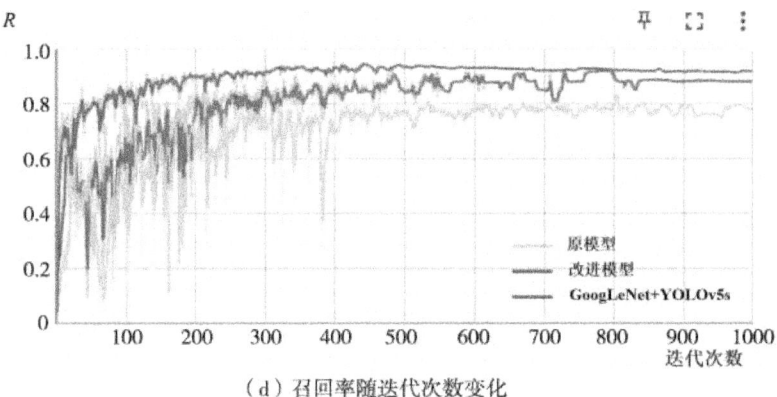

（d）召回率随迭代次数变化

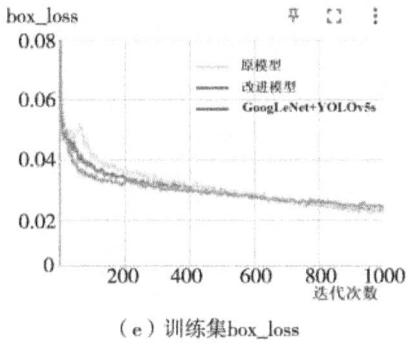

（e）训练集box_loss

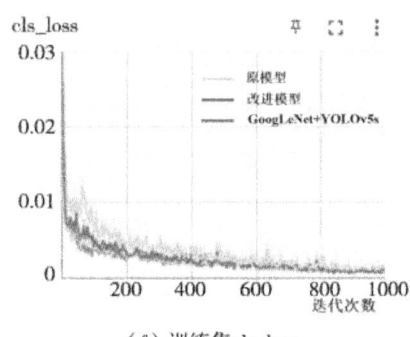

（f）训练集cls_loss

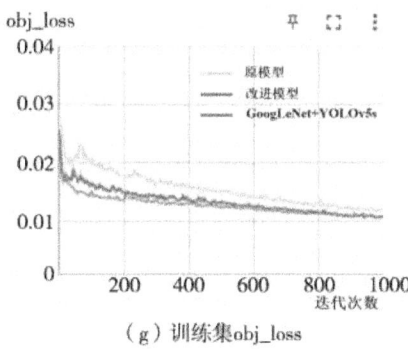

（g）训练集obj_loss

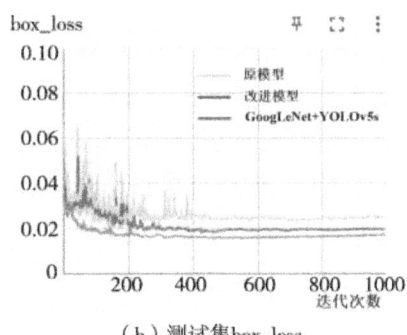

（h）测试集box_loss

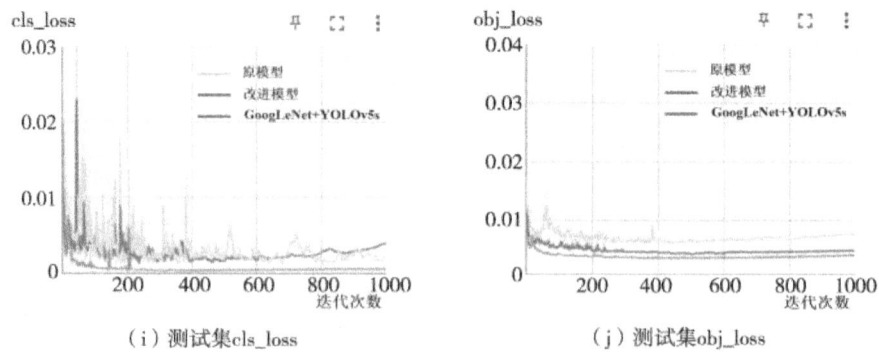

(i) 测试集cls_loss　　　　　　(j) 测试集obj_loss

图4-22　YOLOv5s原模型、改进模型与GoogLeNet+YOLOv5s迭代曲线（见彩插）

GoogLeNet+YOLOv5s实质是通过改进GoogLeNet将绝大部分干扰图像及背景图像筛分出去，避免这部分图像对后续改进YOLOv5s检测任务，以及最终检测结果造成负面影响，一方面能够降低目标检测任务的难度，提升目标检测任务的精度；另一方面能够减少目标检测任务量，提高目标检测任务的速度。契合了改进GoogLeNet对于含有裂缝图像分类精度较高的特点，在一定程度上能够弥补改进YOLOv5s等一阶段目标检测模型在检测精度上的不足，并且改进GoogLeNet及改进YOLOv5s都拥有较快的检测速度，模型检测任务的叠加对于整体检测速度影响较小。由表4-8可见，相较于YOLOv5s改进模型，GoogLeNet+YOLOv5s的mAP@0.5及mAP@[0.5:0.95]分别提升了3.19%、1.04%，表明GoogLeNet+YOLOv5s的检测方式能够在一定程度上提升裂缝检测精度，其检测速度FPS虽然有一定程度的下降，但损失在可接受范围内。

2. GoogLeNet+YOLOv5s与常用检测模型对比

为了进一步验证本书提出的GoogLeNet+YOLOv5s对沥青路面裂缝的检测效果，在相同环境配置及参数设置下对目前常用的几种目标检测算法进行对比实验，包括两阶段目标检测算法Faster R-CNN，一阶段目标检测算法SSD、YOLOv3、YOLOv4、YOLOv5s、改进YOLOv5s，以及本书提出的 GoogLeNet + YOLOv5s。将以上模型分别在本书数据集、裂缝纹理错综复杂的 CFD 数据集、裂缝纹理清晰简洁的 Crack500 数据集，以及以细小裂缝为主的 Crack200 数据集上进行训练和测试。其中，对图像数量较少的 CFD 数据集及 Crack200 数据集分别通过图像裁剪、旋转变换、镜像翻转、亮度变换、噪声扰动等方式进行扩充增广。分别以 mAP@0.5、FPS 作为模型检测的精度指标，以及速度指标，各模型测试结果如表 4-9 所示。

表 4-9 常用目标检测模型对比

检测模型	本书数据集		CFD 数据集		Crack500 数据集		Crack200 数据集	
	mAP	FPS/(f/s)	mAP	FPS/(f/s)	mAP	FPS/(f/s)	mAP	FPS/(f/s)
Faster R-CNN	70.93%	60	68.26%	52	72.13%	50	64.36%	58
SSD	57.24%	96	43.63%	92	62.84%	86	49.19%	89
YOLOv3	68.04%	160	55.49%	156	72.37%	148	58.48%	162
YOLOv4	76.59%	188	68.82%	196	80.23%	176	67.26%	192
YOLOv5s	78.32%	286	72.09%	278	84.65%	274	70.32%	288
改进 YOLOv5s	90.58%	260	84.02%	268	94.08%	261	78.65%	276
GoogLeNet + YOLOv5s	93.77%	224	83.81%	234	94.32%	218	78.32%	228

由表 4-9 可见，GoogLeNet + YOLOv5s 相较于表中其他目标检测模型，在各个数据集中的检测精度及检测速度指标都处于较高水平。由于本书数据集中存在大量干扰图像，能够充分发挥改进 GoogLeNet 的裂缝筛分作用，使得 GoogLeNet + YOLOv5s 在本书数据集上的 mAP@0.5 达到了 93.77%，远高于其他目标检测模型；而 CFD 数据集、Crack500 数据集，以及 Crack200 数据集中只含裂缝图像，且阴影、杂物、车道线、积水等干扰因素较少，无法发挥改进 GoogLeNet 对于裂缝的筛分作用。因此，相较于 YOLOv5s 改进模型，GoogLeNet + YOLOv5s 在这三个数据集上的

mAP@0.5没有明显变化。

五、本章小结

本章主要介绍了改进 YOLOv5s 目标检测模型。首先介绍了经典目标检测模型，包括 R-CNN、SPP-Net、Fast R-CNN、Faster R-CNN、Mask R-CNN 等两阶段目标检测模型，以及 SSD、YOLO 系列等一阶段目标检测模型；其次，根据沥青路面裂缝数据集的特点提出了 YOLOv5s 的改进方法，包括使用 K-means++ 聚类算法重新聚类裂缝数据集锚框、在模型的 Prediction 部分添加 CBAM 注意力模块、采用 CIoU_Loss 函数作为模型损失函数，设计消融实验证明了各项改进的合理性，并通过对比实验证明了改进模型检测性能的提升；最后，提出了 GoogLeNet + YOLOv5s 的检测方法，实验结果表明，该方法在面对复杂路面情况时具有较好的裂缝检测精度。

第五章 裂缝分割提取

基于深度学习的全监督语义分割方法在模型训练阶段需要对数据集进行像素级标注，过程复杂且耗时较长，而弱监督语义分割方法虽然节省了数据集标注时间，但其标注效果及检测精度难以满足要求。因此，本书采用图像处理的方法对裂缝图像进行分割提取。但图像采集过程中容易受到光线、设备、采集方式的影响，产生大量噪声，导致裂缝特征信息和细节信息不够突出，背景区域信息强于裂缝区域信息，从而影响裂缝提取效果。针对该问题，本书通过对裂缝图像进行图像增强来提升图片质量，突出图像感兴趣特征区域及裂缝细节信息，弱化不感兴趣的背景区域信息，从而增强裂缝分割提取能力。

图像增强方法框架如图 5-1 所示，一类是基于空间域（空域）的增强方法，主要包括点像素处理和区域处理。其中，点像素处理包括灰度变换、直方图修正；区域处理包括图像锐化滤波、图像平滑滤波。另一类是基于频率域（频域）的增强方法，主要包括低通滤波、高通滤波，以及同态滤波等[93]，本书主要采用基于空间域的图像增强方法。

一、沥青路面裂缝图像常见噪声

在图像采集和传输过程中产生的各种干扰噪声，会导致图像灰度发生

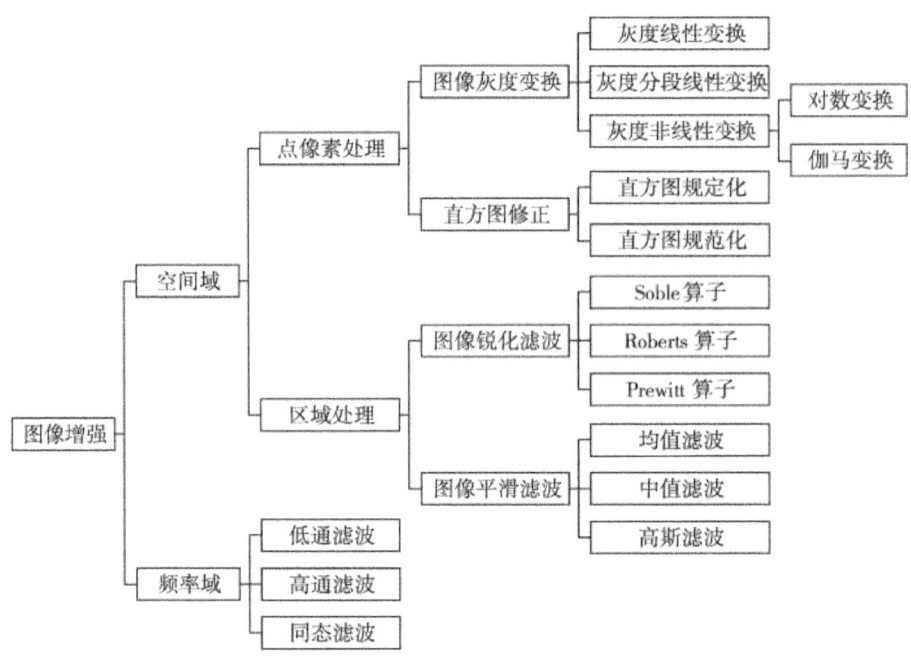

图 5-1　图像增强方法框架

变化，从而影响图像视觉效果和后期处理效果，采集到的路面裂缝图像中常见的噪声包括高斯噪声、均匀噪声、椒盐（脉冲）噪声等，各类噪声概率密度函数及噪声效果如图 5-2 所示。

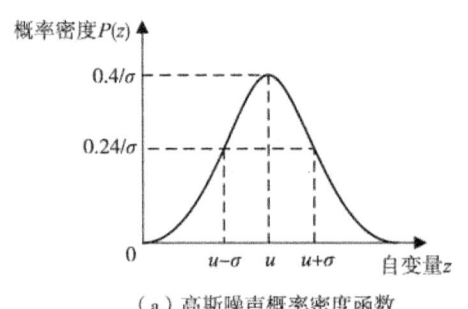

（a）高斯噪声概率密度函数　　　　　（b）高斯噪声效果

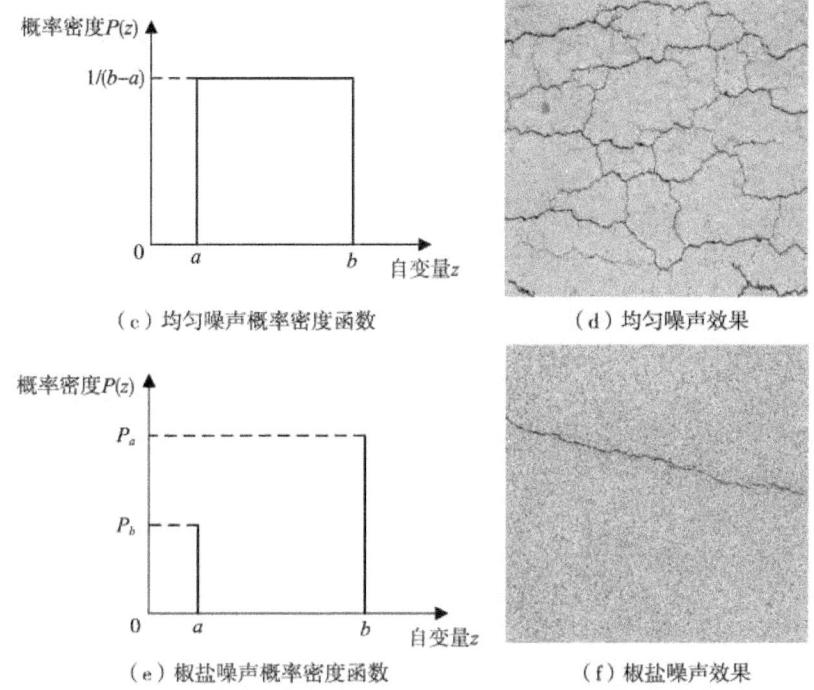

(c) 均匀噪声概率密度函数　　　　(d) 均匀噪声效果

(e) 椒盐噪声概率密度函数　　　　(f) 椒盐噪声效果

图 5-2　各类噪声概率密度函数及效果

混凝土路面与沥青路面如图 5-3 所示，两种路面裂缝图像最大的不同，在于沥青路面的沥青集料间隙较大，当沥青集料间隙的灰度值与路面裂缝的灰度值较为相近时，在图像处理过程中会对裂缝区域的分割提取产生极大干扰，而混凝土路面图像的裂缝区域与背景区域灰度值相差较大，易于裂缝区域分割提取。

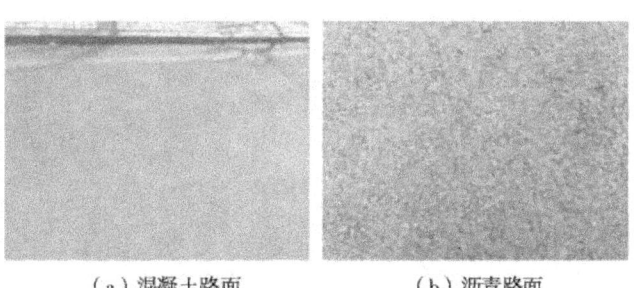

(a) 混凝土路面　　　　(b) 沥青路面

图 5-3　混凝土路面与沥青路面

二、图像灰度化

图像灰度化是指赋予 R、G、B（红、绿、蓝三原色）3 个分量相同的值，即令像素点矩阵中的每一个像素点都满足 $R=G=B$，降低后续操作的计算量，从而提升裂缝分割提取速度，图像灰度化新分量 f 的选取一般采用以下 4 种方法，分别如式（5-1）至式（5-4）所示。

（1）分量法：

$$f=R \text{ 或 } f=G \text{ 或 } f=B \text{。} \quad (5-1)$$

（2）平均值法：

$$f=\frac{R+G+B}{3} \text{。} \quad (5-2)$$

（3）最大值法：

$$f=\max(R,G,B) \text{。} \quad (5-3)$$

（4）加权平均值法：

$$f=0.30R+0.59G+0.11B \text{。} \quad (5-4)$$

上述 4 种灰度化方法效果如图 5-4 所示，本书选择视觉效果较好且灰度化效果较为均衡的平均值法作为图像灰度化方法。

（a）分量法 $f=R$

（b）分量法 $f=G$

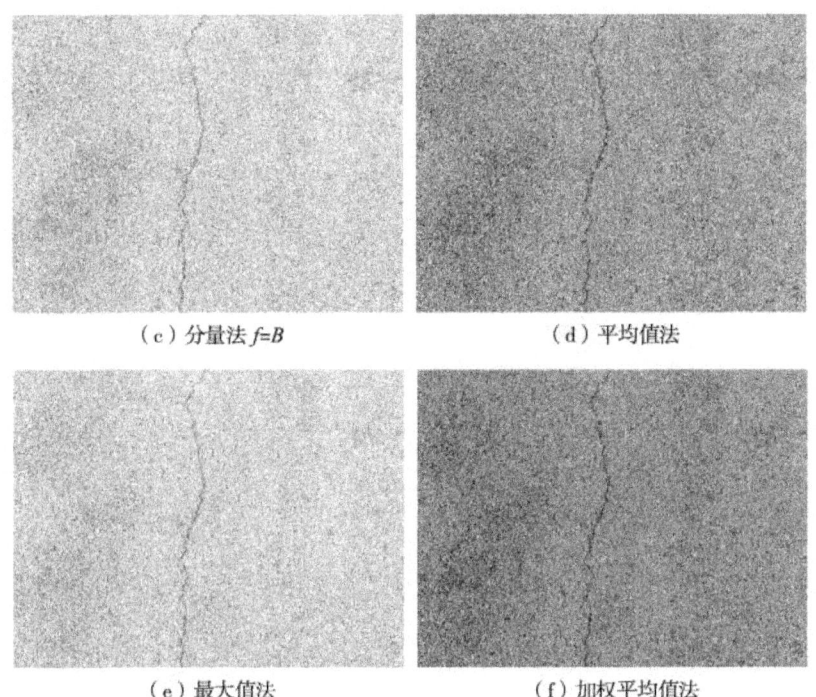

图 5-4 图像灰度化效果

三、直方图均衡化

直方图均衡化是将图像的灰度值变为在整个灰度范围内均衡分布的形式,并通过调整灰度值的动态范围来增强图像的对比度。图像的灰度直方图函数 $h(f)$ 通过转换函数 g_f 可得到图像的归一化概率表达式 $p(f)$,从而计算出图像直方图均衡化后各像素灰度值,函数表达式如式(5-5)至式(5-7)所示。

$$h(f) = n_f, f = 0,1,2,\cdots,L-1, \quad (5-5)$$

$$g_f = \sum_{i=0}^{f} \frac{n_i}{n} = \sum_{i=0}^{f} p(i), f = 0,1,\cdots,L-1, \quad (5-6)$$

$$p(f) = \frac{n_f}{n}, f = 0,1,2,\cdots,L-1 \text{。} \quad (5-7)$$

其中，n_f 是图像 $f(x,y)$ 中具有灰度值 f 的像素数，L 为灰度值的级数，n 是图像中像素的总数。直方图均衡化效果如图 5-5 所示。

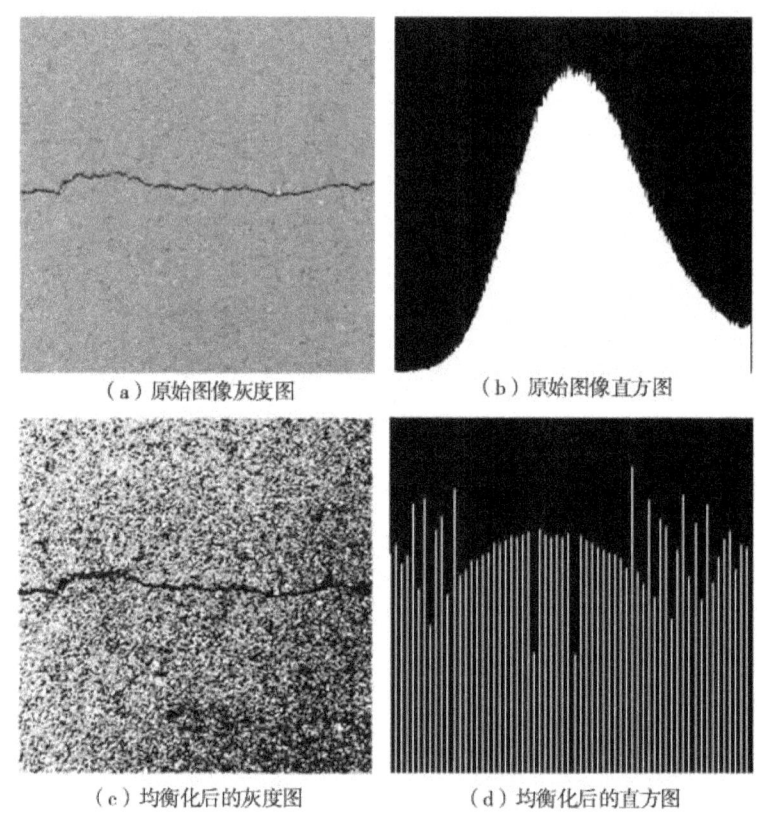

(a) 原始图像灰度图　　(b) 原始图像直方图

(c) 均衡化后的灰度图　　(d) 均衡化后的直方图

图 5-5　直方图均衡化效果

其中，图 5-5（a）中背景区域和裂缝区域有一定的对比度，但受到光线、噪声等各种干扰因素影响，图像存在一定程度的模糊、失真等问题，损失了大部分裂缝轮廓的细节信息，并且图 5-5（b）中各像素灰度值分布极不均匀，单波峰明显。经过图 5-5（c），路面的背景区域和裂缝区域对比度明显增强，裂缝纹理轮廓明显、细节信息丰富，且图 5-5（d）中，各像素灰度级分布相对均匀，实现了图像增强的目的。

四、图像灰度变换

为了减少沥青集料间隙产生的噪声影响,本书对直方图均衡化后的图像进行灰度变换处理。图像灰度变换是依据一定规则改变每一个像素点灰度值,从而改变图像的灰度范围,使图像视觉效果更加清晰。主要包括灰度线性变换、灰度分段线性变换,以及灰度非线性变换。

(一)图像灰度线性变换

图像灰度线性变换方法主要包括图像灰度反转、图像灰度调整,以及图像对比度调整。对直方图均衡化处理后的图像,分别进行灰度反转、灰度增加,以及对比度增加处理,3种灰度线性变换方法效果如图5-6所示,图5-6(b)为图像反转效果图,将像素点原本较大的灰度值转变为较小的灰度值,并将较小的灰度值转变为较大的灰度值;图5-6(c)为图像灰度调整效果图,将图像中每个像素点的灰度值都增加50(灰度调整后像素点灰度值超过255记为255),实现图像整体灰度值的调整,从而增加图像整体亮度;图5-6(d)为图像对比度调整效果图,计算图像中各个像素点灰度平均值,按对比度系数(取1.5)以一定比例调整各个像素点灰度值,实现对比度的加强。3种灰度线性变换方法虽然都突出了裂缝区域的特征信息,但对于沥青集料间隙产生的噪声信息并没有明显削弱。

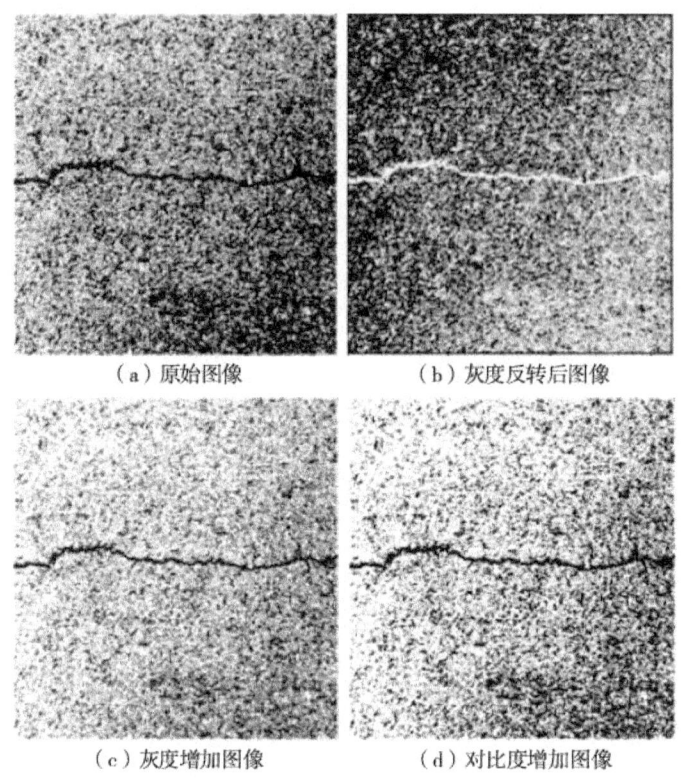

图 5-6 图像灰度线性变换

(二) 图像灰度非线性变换

灰度非线性变换常见的方法有对数变换和指数变换（伽马变换），两种灰度非线性变换函数图像及处理效果如图 5-7 所示。

由图 5-7 可见，对数变换方法虽然提高了裂缝区域与背景区域的对比度，但并未对沥青集料间隙噪声产生明显削弱；指数变换方法降低了整张裂缝图像的灰度值，但未能突出裂缝区域的特征信息，且沥青集料间隙噪声也没有得到削弱。

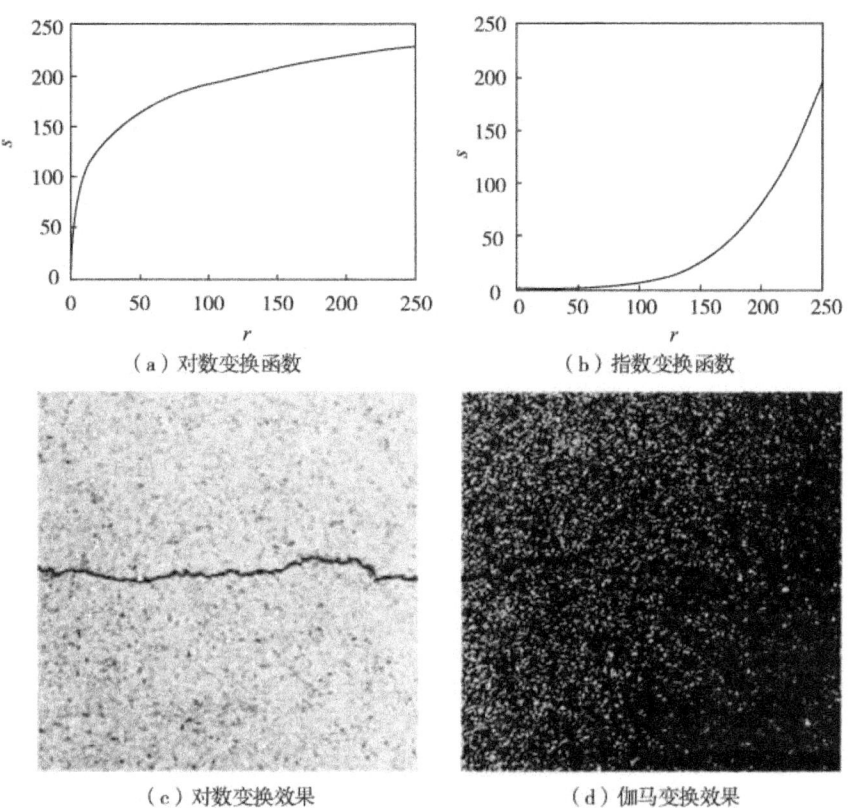

图 5-7 灰度非线性变换函数图像及处理效果

(三)图像灰度分段线性变换

灰度分段线性变换函数能够在提高图像对比度的同时,增强感兴趣区域并抑制不感兴趣区域,其数学表达式如下。

$$S = \begin{cases} K_1 \times r, & 0 \leq r \leq r_1 \\ K_2 \times (r - r_1) + s_1, & r_1 \leq r \leq r_2 \\ K_3 \times (r - r_2) + s_2, & r_2 \leq r \leq 255 \end{cases} \quad (5-8)$$

其中,S 为输出灰度级,r 为输入灰度级,K_1、K_2、K_3 分别为折线的

3 段斜率，(r_1, s_1)、(r_2, s_2) 分别为折线的 2 个拐点坐标。灰度分段线性函数如图 5-8 所示，可以根据需要将图像灰度范围 $(0, r_1)$、(r_1, r_2)、$(r_2, 255)$ 对应不同折线段斜率分别拉伸或压缩为 $(0, s_1)$、(s_1, s_2)、$(s_2, 255)$，但未确定的参数较多，需要不断调试以获得最佳图像处理效果。

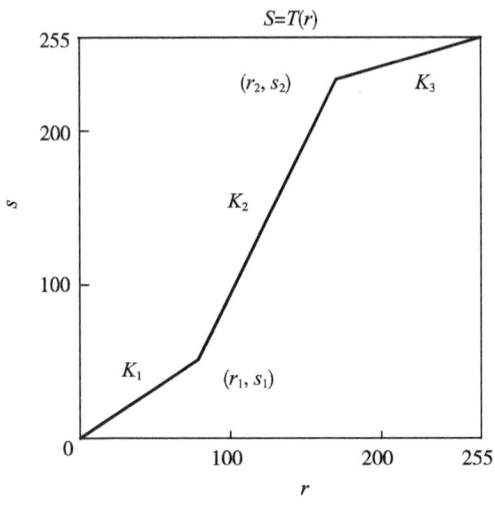

图 5-8　分段线性灰度变换函数

沥青路面图像中裂缝处的颜色最深，在进行图像分段线性灰度变换时，为了完整保留裂缝的特征信息，应在不损失感兴趣区域特征信息的前提下，尽量选取较小的 r_1 值和 r_2 值。因此，通过对裂缝数据集图像特征及处理效果综合分析，本书将 r_1 设为 0，r_2 设为 30，s_1 设为 20，s_2 设为 230，分段线性灰度变换函数及处理效果如图 5-9 所示，由图可见，分段线性灰度变换方法能够在加强裂缝特征信息的同时，保留裂缝轮廓细节信息，并在极大程度上削弱沥青集料间隙噪声信息，提升图像的整体视觉效果。综上，本书选用分段线性灰度变换方法，对直方图均衡化后的沥青路面裂缝图像进行处理。

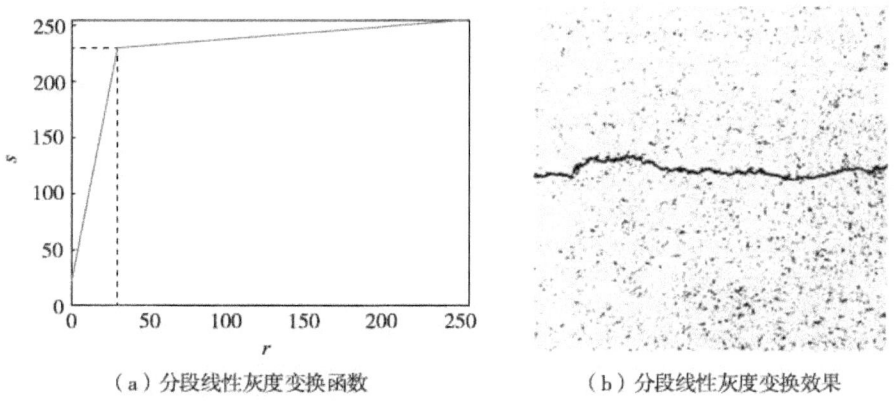

(a) 分段线性灰度变换函数　　　　　(b) 分段线性灰度变换效果

图 5 - 9　分段线性灰度变换函数及效果

五、图像平滑滤波

图像平滑滤波是指计算每个像素点邻近像素点灰度值的均值，并将所求到的灰度均值赋予该像素点，滤波方法主要包括均值滤波、高斯滤波与中值滤波等。

（一）均值滤波

均值滤波是利用邻近区域内的灰度均值，替换原图像中的各个灰度值[94]。当模板中心与待处理像素点 (x, y) 重合时，将模板中所有像素灰度值均值赋予待处理像素点 (x, y)，在均值滤波器模板 $(2m + 1) \times (2m + 1)$ 作用下的均值滤波表达式如式（5 - 9）所示，均值滤波效果如图 5 - 10 所示。

$$g(x,y) = \frac{1}{(2m + 1)^2}\sum_{s = -m}^{m} \sum_{t = -m}^{m} I(x + s, y + t) 。 \qquad (5 - 9)$$

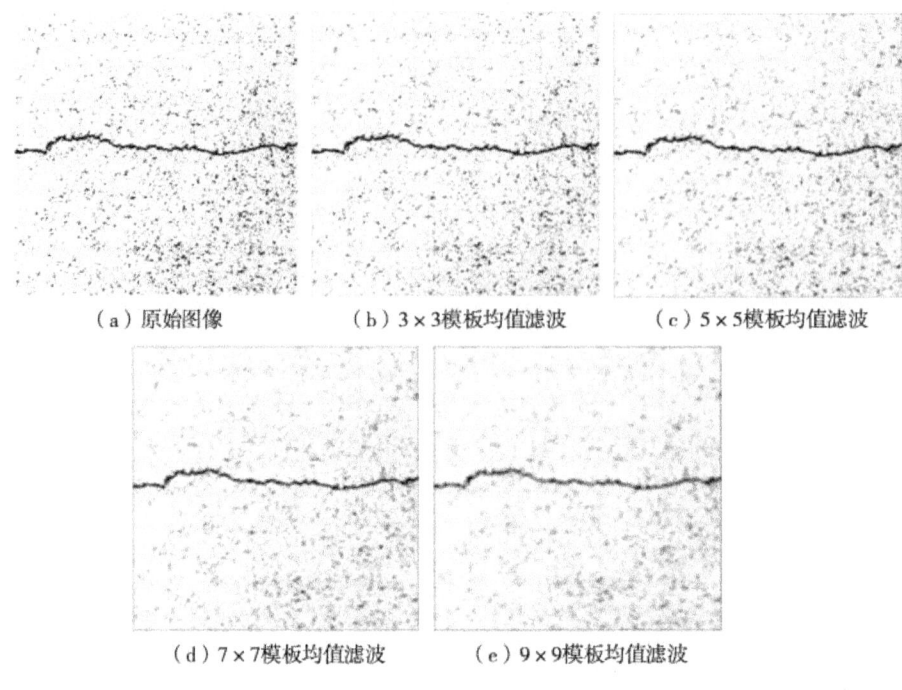

图 5-10 均值滤波效果

对比不同尺寸均值滤波模板的处理效果可以发现,模板尺寸越大,对于噪声信息的削弱效果越明显,但同时也导致裂缝图像的细节信息逐渐丢失,裂缝轮廓边缘越来越模糊。

(二) 高斯滤波

在高斯滤波模板中,元素的权重系数是由二维高斯分布函数根据当前像素点与待处理像素点的距离计算得到,与待处理像素点距离较小的邻近点被赋予较大的权重,反之被赋予较小的权重[95]。设高斯滤波模板为 $w(x,y)$,则高斯滤波公式如式 (5-10) 所示。

$$w(x,y) = \frac{1}{2\pi\sigma^2} e^{-\frac{x^2+y^2}{2\sigma^2}} \quad (5-10)$$

其中，σ 表示函数值衰减速度，并且随着 x^2+y^2 增加，当 σ 较大时，$w(x,y)$ 缓慢降低，当 σ 较小时，$w(x,y)$ 快速降低，高斯滤波效果如图 5-11 所示。

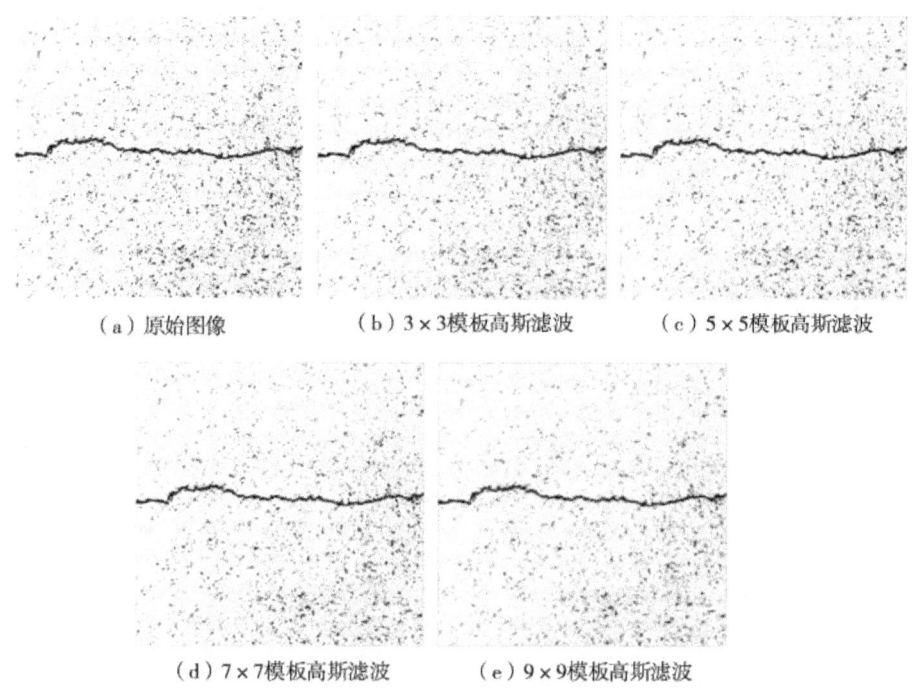

(a) 原始图像　　(b) 3×3模板高斯滤波　　(c) 5×5模板高斯滤波

(d) 7×7模板高斯滤波　　(e) 9×9模板高斯滤波

图 5-11　高斯滤波效果

由于高斯滤波法中较近点对于待处理像素点影响较大，而较远点对于待处理像素点影响较小，使得该方法相较于均值滤波法对于图像的细节信息破坏较小，图像整体较为平滑，不同高斯模板对图像影响差别较小，但处理后的裂缝图像损失了一部分细节信息，并且对沥青集料间隙噪声也没有产生明显的削弱效果。

（三）中值滤波

中值滤波法以各个像素点为中心选择一个窗口，将窗口内的各个像素点灰度值在一维空间内进行排序,并将排序后位于中间序列位置的灰度值赋予当前像素点[96]。对于有明显噪声的图像,在经过窗口内像素点灰度值排序时,由于噪声像素点灰度值明显高于周围像素点,使得噪声像素点灰度值不会排在序列中间位置,从而实现了噪声去除。

中值滤波效果如图5-12所示,随着滤波模板变大,中值滤波过滤沥青集料间隙噪声的能力逐渐增强,在模板大小为9×9时已经能够在基本保留裂缝细节信息的同时滤除大部分噪声信息,但随着滤波模板变大,裂缝轮廓也越来越模糊,甚至发生断裂。

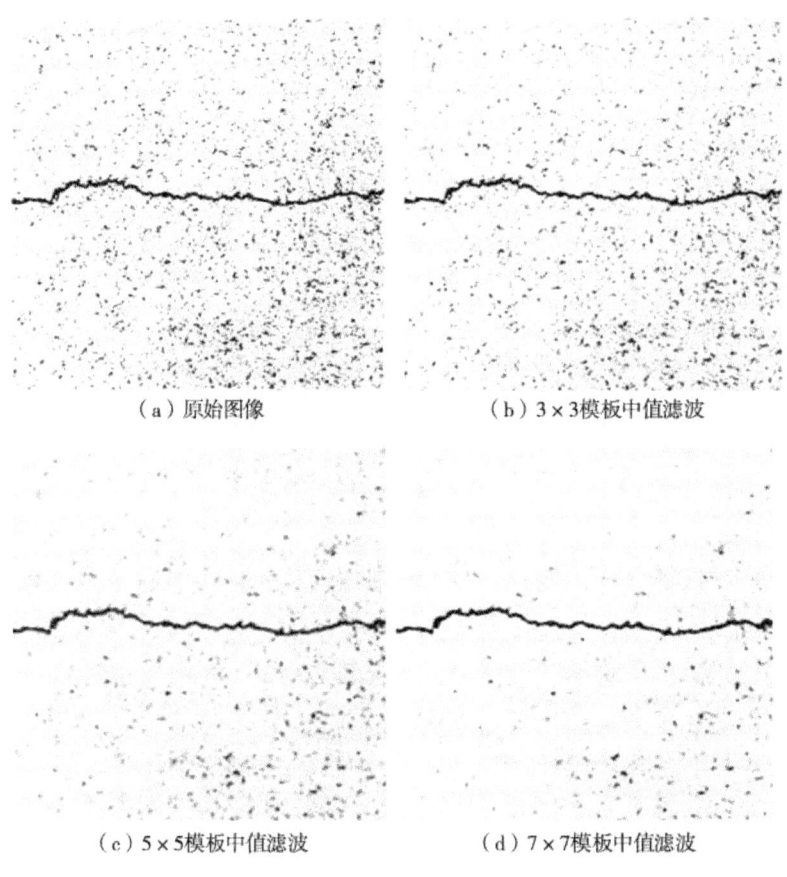

(a)原始图像　　　　　　　　(b)3×3模板中值滤波

(c)5×5模板中值滤波　　　　　(d)7×7模板中值滤波

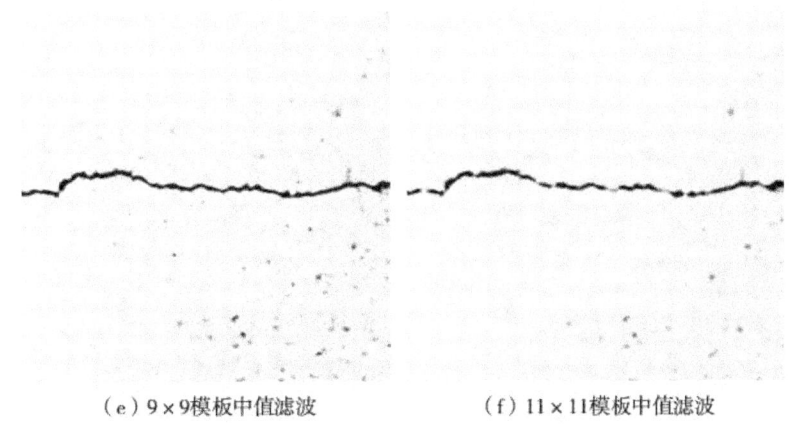

(e) 9×9模板中值滤波　　　　(f) 11×11模板中值滤波

图 5-12　中值滤波效果

综上，均值滤波在对沥青集料间隙噪声进行过滤的同时，损失了大量裂缝区域细节信息；高斯滤波对图像细节信息破坏较小，可以完整地保留裂缝区域细节信息，但对于沥青集料间隙噪声没有产生明显削弱；中值滤波能够较好地完成沥青集料间隙噪声的过滤任务，并且对于裂缝区域的细节信息能够相对完整的保留。因此，根据沥青路面裂缝数据集特点，综合考虑沥青集料间隙噪声滤除效果及裂缝细节信息保留完整程度两方面，本书采用窗口尺寸为 9×9 的中值滤波模板对灰度变换图像进行平滑滤波处理。

六、图像二值化

图像二值化可以将裂缝区域与背景区域有效分离，对于裂缝区域的分割提取具有重要意义。一般采用阈值分割的方法进行图像二值化处理，即像素点灰度值小于等于所设阈值时，将其灰度值设置为 0，像素点灰度值大于所设阈值时，将其灰度值设置为 255，阈值分割法包括全局阈值法和局部阈值法[97]。

(一) 全局阈值法

如果将图像直方图中裂缝区域与背景区域两个波峰之间的谷作为阈值,就可以实现目标区域与背景区域的分割,但根据不同方法选择不同的谷,得到的阈值及处理效果也不同。最简单的全局阈值法是固定阈值法,即将阈值 T 设定为中间值(127)或根据需求来自定义阈值,但该方法对于多张输入图像很难确定最佳阈值。目前应用较为广泛的 Otsu 算法是一种自适应阈值选取的方法,该方法分别将每个灰度值都设定为阈值,并选取其中最大的类间方差所对应的灰度值作为最终阈值[98],在裂缝区域与背景区域对比度较高或直方图呈现双峰时,二值化效果较好,但裂缝区域与背景区域大小比例相差较大或灰度级接近时,会导致直方图中双峰峰值差距较大甚至呈现单峰,此时二值化效果较差。

两种全局阈值法处理效果如图 5-13 所示,图 5-13 (b) 为选取较大阈值 ($T=200$) 的处理效果,虽然能够确保所有输入图像完全过滤沥青集料产生的噪声,但会导致裂缝区域丢失大量细节信息,甚至产生断裂;由图 5-13 (c) 可见,Otsu 算法对于裂缝轮廓信息保留较为完整,但并未对沥青集料间隙噪声产生滤除效果。

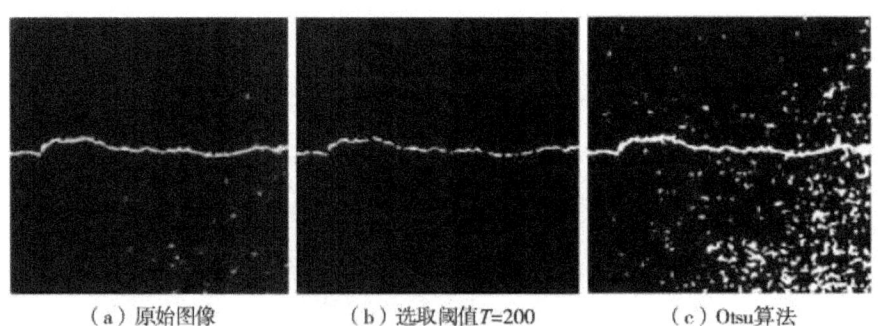

(a) 原始图像　　(b) 选取阈值 $T=200$　　(c) Otsu 算法

图 5-13　全局阈值法效果

（二）局部阈值法

裂缝图像在直方图均衡化后，裂缝区域和背景区域所对应的峰相距较近或峰值相差较大，导致直方图趋近于单峰，针对该问题，可以采用局部阈值法根据每个像素点的局部信息来单独计算阈值。目前常用的局部阈值法有 Niblack、Nick、Sauvola 算法，处理效果如图 5-14 所示。

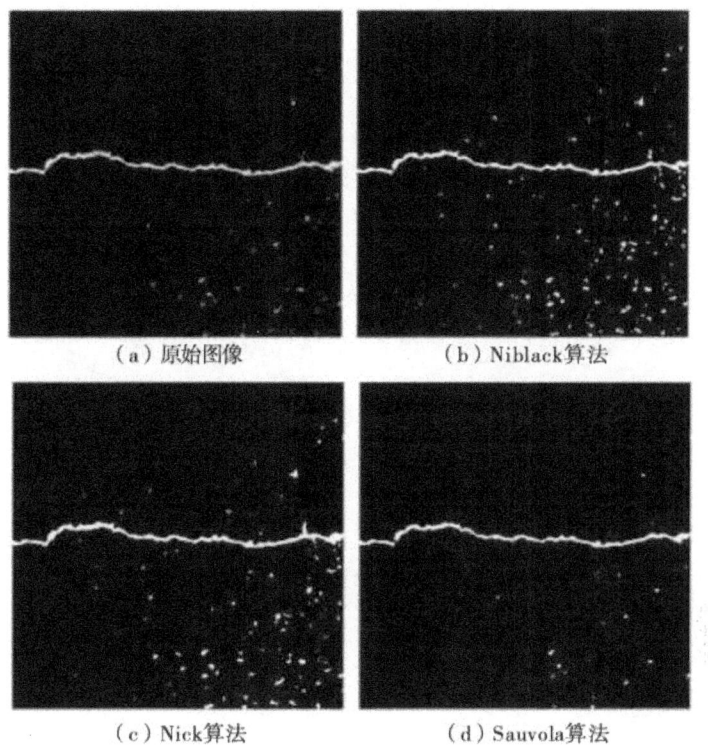

（a）原始图像　　　　（b）Niblack 算法

（c）Nick 算法　　　　（d）Sauvola 算法

图 5-14　局部阈值法处理效果

由于 Niblack 算法二值化效果依赖于局部窗口，当局部窗口中全为沥青集料间隙噪声区域时，会将背景像素误判为前景像素，当局部窗口中全为裂缝区域时，会损失裂缝区域部分细节信息[99]，处理效果如图 5-14（b）所示，裂缝滤波图像在经过 Niblack 算法处理后仍存在大量噪声；部分学者基于 Niblack 算法改进后提出了 Nick 算法，该方法对于图像对比度较低或背景区域亮度较高的情况具有较好的处理效果[100]，但对于本书所处理的滤波图像，Nick 算法对于高亮度背景的处理优势并未得到发挥，处理效果如图 5-14（c）所示，并未对沥青集料间隙噪声产生明显滤除效果；Sauvola 算法对 Niblack 算法进行了改进[101]，处理效果如图 5-14（d）所示，相较于其他局部阈值算法，Sauvola 算法在尽可能保留裂缝区域细节信息的同时，对于图像中沥青集料间隙噪声有着较好的抑制效果。

七、裂缝区域提取

图像二值化操作能够滤除大部分由沥青集料间隙产生的噪声信息，但依然无法得到仅包含裂缝轮廓信息的二值图像，难以实现裂缝区域分割提取。因此，本书基于全局阈值法及局部阈值法得到的二值图像，结合数学形态学方法及连通域阈值方法，提出了多种裂缝区域提取方法，并进行了对比分析。

（一）数学形态学方法

数学形态学方法以形态学为基础对图像进行分析，常见的形态学运算有膨胀、腐蚀、开启和闭合[102]。

1. 膨胀运算

假设 A 为较大尺度的图像，B 为较小尺度的图像，用 B 来膨胀 A 写作"$A \oplus B$"，膨胀操作原理如图 5-15 所示。

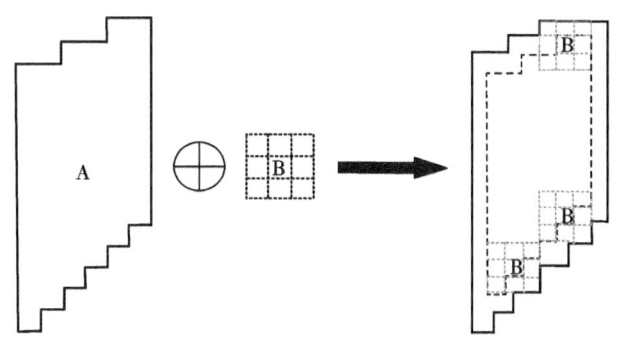

图 5-15　膨胀操作原理

2. 腐蚀运算

用 B 来腐蚀 A 写作 "A$\ominus$B"，腐蚀操作原理如图 5-16 所示。

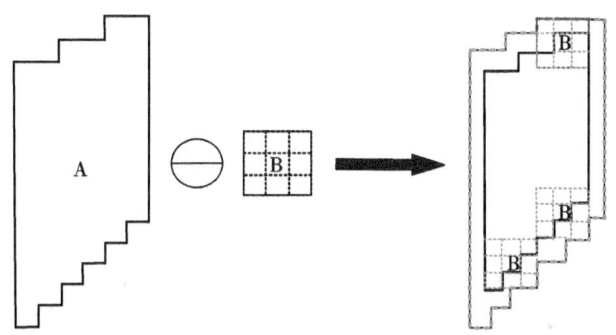

图 5-16　腐蚀操作原理

3. 开启及闭合

开启及闭合是膨胀及腐蚀的组合运算，若先对图像进行腐蚀，而后进行膨胀，则为开启（开运算），用 B 对 A 进行开运算写作 "A$\circ$B"，开运算可以消除裂缝轮廓中的毛刺和沥青集料间隙产生的孤立噪声，使裂缝轮廓变得光滑、平顺，同时对于裂缝区域面积影响较小；若先对图像进行膨胀，而后进行腐蚀，则为闭合（闭运算），用 B 对 A 进行闭运算写作

"A●B",闭运算可以填补裂缝区域内的空洞,使得裂缝连通区域变得完整、饱满,但对于沥青集料产生的噪声区域没有明显的抑制效果。

(二)裂缝区域提取方法

本书结合全局阈值、局部阈值、数学形态学,以及连通域阈值等方法,提出了3种裂缝区域提取方法,分别为"全局阈值+膨胀操作""局部阈值+开运算""局部阈值+连通域阈值"。

1. "全局阈值+膨胀操作"

"全局阈值+膨胀操作"的处理效果如图5-17所示。采用全局阈值法对图像进行二值化处理时,为全部图像统一选取一个较大的阈值($T=200$),该操作能够滤除图像中由沥青集料间隙产生的噪声,但会损失大量裂缝区域的细节信息,导致裂缝面积削减甚至出现断裂情况,如图5-17(b)所示。针对该问题,采用数学形态学方法中的膨胀运算对二值图像进行裂缝轮廓膨胀填充,从而丰富并补足裂缝区域信息,如图5-17(c)所示,裂缝宽度增加的同时,原本断开的裂缝轮廓已经基本连接成一个连通域。

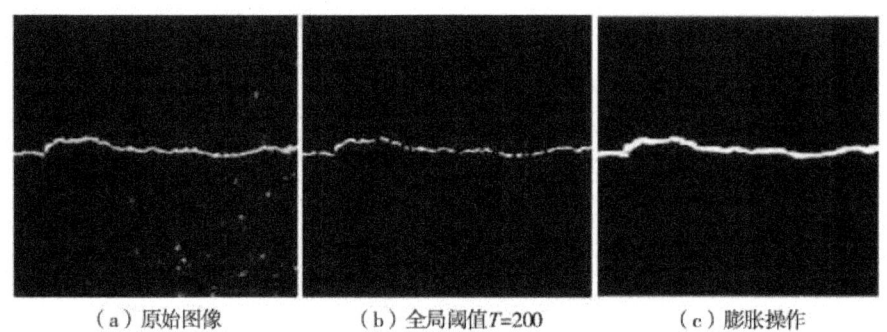

(a)原始图像　　　　(b)全局阈值$T=200$　　　　(c)膨胀操作

图5-17 "全局阈值+膨胀操作"

2. "局部阈值 + 开运算"

"局部阈值 + 开运算"的处理效果如图 5 – 18 所示。采用局部阈值法中的 Sauvola 算法对图像进行二值化处理，处理效果如图 5 – 18（b）所示，虽然裂缝区域细节信息保留较完整，但仍存在部分由沥青集料间隙产生的孤立噪点。针对该问题，采用数学形态学方法中的开运算对这部分噪声进行消除，处理效果如图 5 – 18（c）所示，开运算能够消除裂缝区域中的毛刺及由沥青集料间隙产生的孤立噪点，并尽可能保留了原有裂缝的完整性，但也损失了部分裂缝轮廓细节信息。

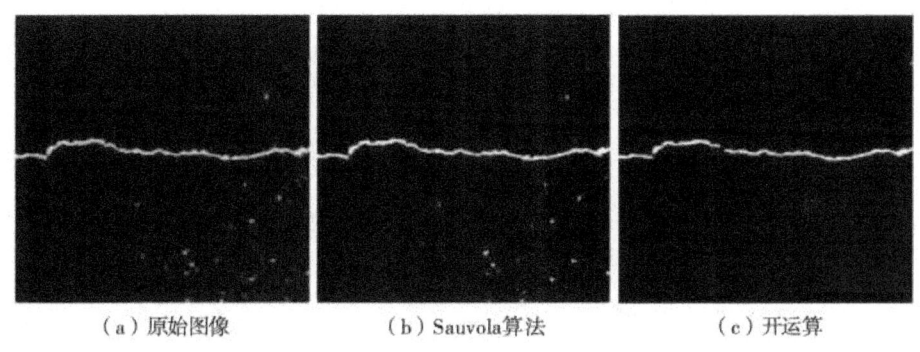

（a）原始图像　　　（b）Sauvola算法　　　（c）开运算

图 5 – 18　"局部阈值 + 开运算"

3. "局部阈值 + 连通域阈值"

"局部阈值 + 连通域阈值"的处理效果如图 5 – 19 所示。采用局部阈值法中的 Sauvola 算法对图像进行二值化处理，处理效果如图 5 – 19（b）所示，裂缝区域细节信息基本得到保留，但依然存在部分由沥青集料间隙产生的噪声。

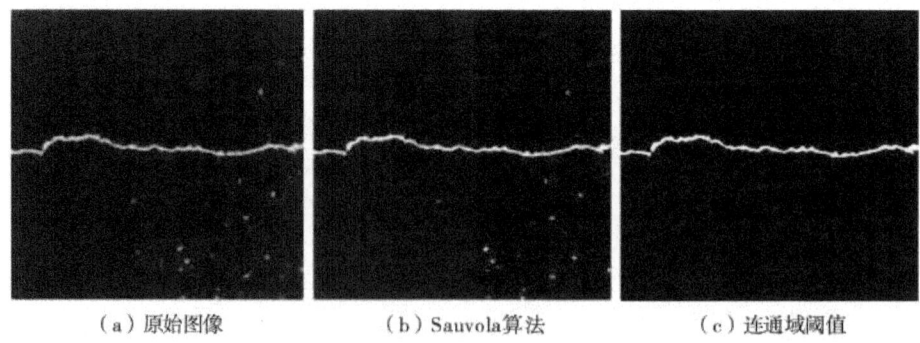

(a) 原始图像　　　　(b) Sauvola算法　　　　(c) 连通域阈值

图 5-19　"局部阈值 + 连通域阈值"

由于沥青集料间隙面积较小，故产生的噪声区域像素面积也相对较小，以图 5-19 (b) 为例，统计图中各个连通域的像素面积，统计结果如图 5-20 所示，Sauvola 算法二值化处理后的图像经统计共有 48 个连通域（白色区域），各个连通域的平均像素面积为 130.6 像素，共有两个连通域的像素面积大于平均值，余下的 46 个连通域像素面积均小于平均值。因此，根据裂缝区域与沥青集料间隙噪点像素面积差距较大的特点，采用连通域阈值法对像素面积低于平均值或预设阈值的连通域进行过滤，从而提取主裂缝区域，处理效果如图 5-19 (c) 所示，该方法能够完整保留裂缝区域的细节信息，并且能够将噪声区域完全过滤。

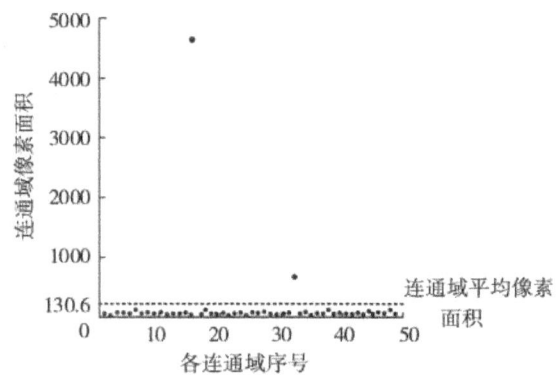

图 5-20　连通域像素面积统计

4. 3 种方法裂缝提取效果评估

"全局阈值+膨胀操作""局部阈值+开运算""局部阈值+连通域阈值"3 种方法裂缝提取效果对比如图 5-21 所示。

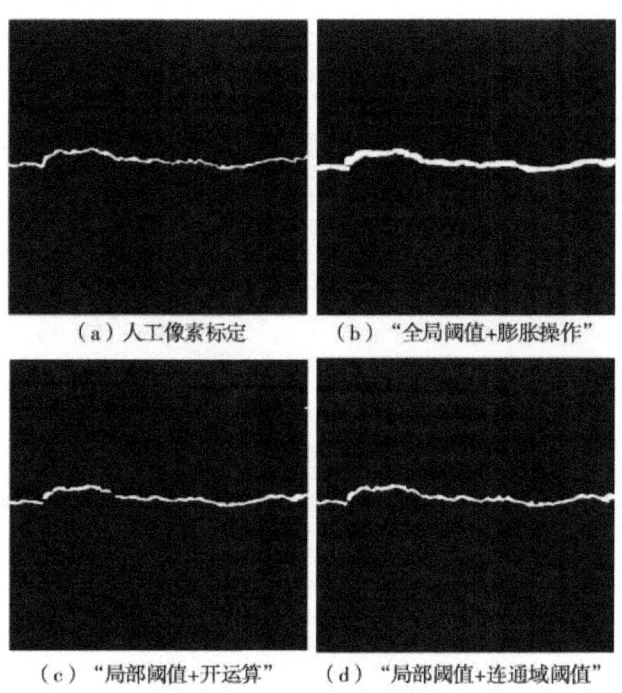

(a) 人工像素标定　　　(b) "全局阈值+膨胀操作"

(c) "局部阈值+开运算"　　　(d) "局部阈值+连通域阈值"

图 5-21　各方法处理效果对比

其中，图 5-21 (a) 为进行人工像素标定的二值图像，与原始图像中裂缝区域的整体轮廓及像素面积几乎完全相同，可以作为以上 3 种方法的参照标准；图 5-21 (b)、图 5-21 (c)、图 5-21 (d) 分别为采用上述 3 种方法处理后的效果图，3 种方法都能够滤除沥青集料间隙产生的噪声区域，但仅从视觉上难以对裂缝区域细节信息保留的完整程度进行精确评估。因此，为满足后续裂缝区域像素面积计算的准确度需求，本书从图像吻合度和裂缝区域像素面积误差 2 个方面，对 3 种裂缝提取方法的提取效果进行评估。

(1) 图像吻合度评估

基于图像吻合度对 3 种方法处理后的裂缝的轮廓形状、纹理走向等进行评估。首先,从自制的沥青路面裂缝数据集中随机选取 500 张图片,进行人工像素标定;其次,分别采用上述 3 种方法进行裂缝区域提取;最后,将人工像素标定图像分别与 3 种方法处理后的图像进行吻合度评估。吻合度计算方法[103],设人工像素标定图像为 $A(m,n)$,裂缝提取图像为 $B(m,n)$,则吻合度计算公式如式(5-11)所示。

$$P = \frac{\sum_{i=1}^{m}\sum_{j=1}^{n}[A(m,n) \times B(m,n)]}{\sum_{i=1}^{m}\sum_{j=1}^{n}A(m,n)} 。 \quad (5-11)$$

吻合度计算结果如表 5-1 所示,方法一的吻合度较低,裂缝提取效果较差,而方法二和方法三的吻合度较高,说明这两种方法可以较好地完成裂缝分割提取任务。其中,方法三的吻合度最高,达到了 95.24%,证明该方法处理后的图像与标准图像裂缝区域重合度大、提取效果好,能够保证后续裂缝特征参数计算的精度。

表 5-1 吻合度评估结果

方法	裂缝提取操作	平均吻合度
方法一	"全局阈值+膨胀操作"	81.72%
方法二	"局部阈值+开运算"	91.08%
方法三	"局部阈值+连通域阈值"	95.24%

(2) 裂缝区域像素面积评估

基于上述 500 张沥青路面裂缝图像,计算每张人工标定图像的像素面积与上述 3 种方法提取的裂缝区域像素面积的差值,计算出的差值即为 3 种裂缝区域提取方法的误差,误差分析结果如表 5-2 所示。

表5-2 像素面积评估结果

方法	裂缝提取操作	平均像素误差	像素误差占比	像素误差方差
方法一	"全局阈值+膨胀操作"	+1024	18.62%	196.13
方法二	"局部阈值+开运算"	+556	10.11%	116.60
方法三	"局部阈值+连通域阈值"	+348	6.33%	42.08

由表5.2可见，方法一对于500张图像的裂缝提取像素面积平均误差为+1024，占人工标定像素面积的18.62%，误差较大，精度难以满足检测要求；方法二及方法三的像素面积平均误差分别为+556、+348，分别占人工标定像素面积的10.11%、6.33%，误差相对较小，可以满足检测要求。其中，由于方法二中开运算对于每张图像中的每处噪声信息、每处裂缝信息的处理效果均不相同，导致像素面积误差的方差较大，裂缝区域提取效果不稳定；方法三中连通域阈值仅滤除了噪声区域，对于裂缝轮廓及裂缝像素面积几乎不产生影响，使得像素面积误差的方差较小，裂缝区域提取效果较为稳定。

综合吻合度和裂缝像素面积评估结果，本书选取裂缝区域提取效果较好且较为稳定的方法三（"局部阈值+连通域阈值"）作为裂缝区域分割提取方法。

八、裂缝实际特征参数计算

（一）裂缝实际面积计算

通过计算裂缝提取区域像素面积 s 及像素面积与实际面积之间的放大倍率 β，能够推算裂缝实际面积 S，具体转换方法如式（5-12）所示。

$$\frac{S}{s} = \beta 。 \tag{5-12}$$

本书采用标定物法计算放大倍率 β，其原理为：当相机与路面之间的距离、拍摄角度、拍摄焦距固定不变时，图像的放大倍率 β 也是固定不变的。因此，可以选取精度较高且实际面积已知的标定物作为参照，对拍摄图像进行分割提取像素轮廓，并计算标定物像素面积，从而计算此时的图像放大倍率 β，该方法示例如下。

（1）将相机固定于路面一定高度处不动，将一枚标准一元硬币作为参照物并放置于地面，分别拍摄如图 5-22 所示的裂缝图像及硬币图像。

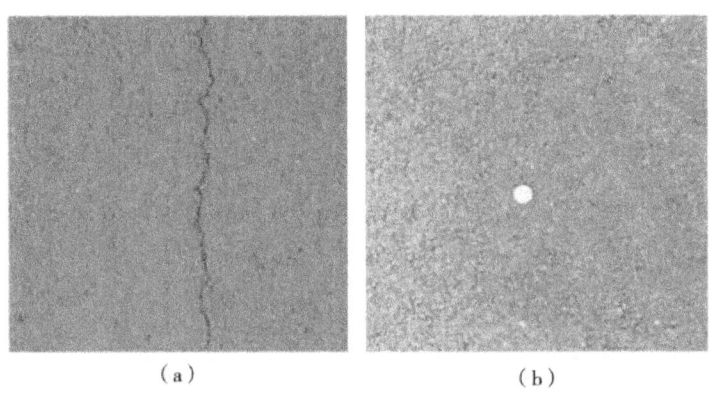

(a)　　　　　　　　　(b)

图 5-22　拍摄图像示例

（2）将拍摄图像按照本章 5.2～5.7 节中所述方法提取裂缝像素区域，提取效果如图 5-23 所示，计算得到裂缝区域像素面积 $s_1 = 4543$ 像素。

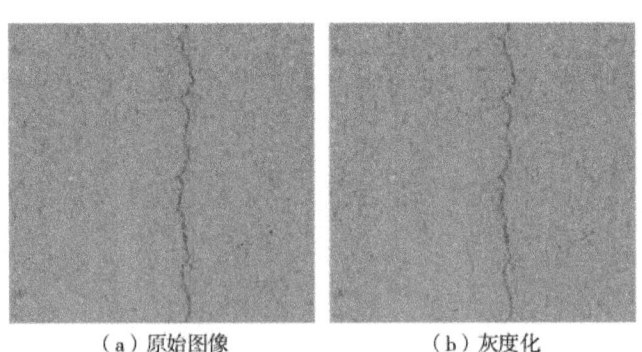

(a) 原始图像　　　　　(b) 灰度化

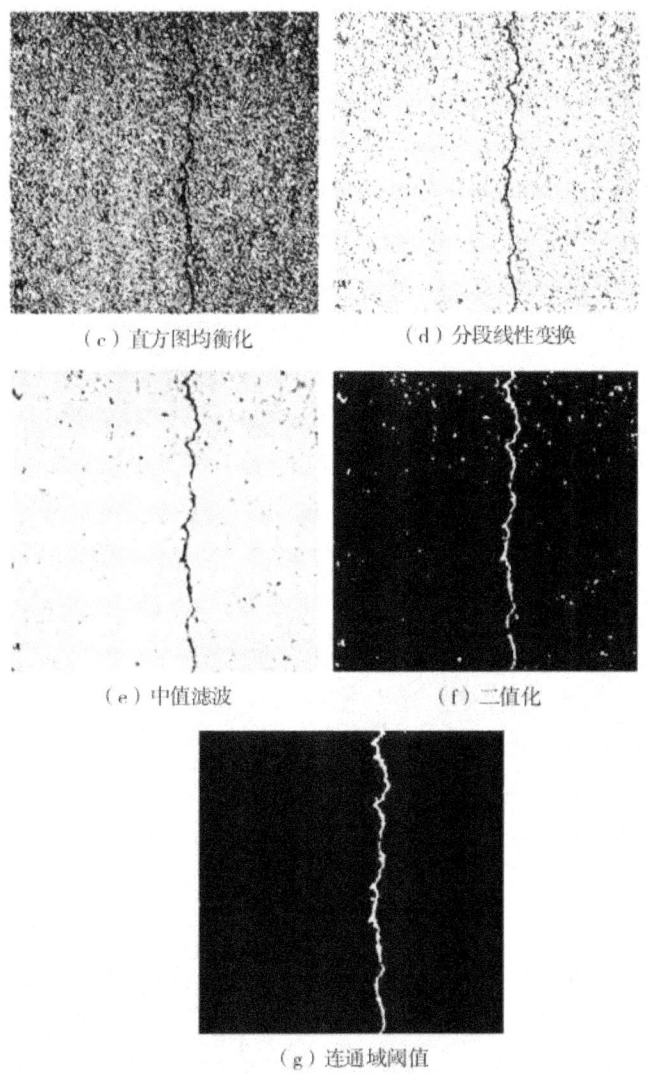

(c) 直方图均衡化　　(d) 分段线性变换

(e) 中值滤波　　(f) 二值化

(g) 连通域阈值

图 5-23　裂缝区域提取

（3）计算直径为 25 mm 的标准一元硬币实际平面面积 $S_2 = 3.14 \times 12.5^2 = 490.6 \text{ mm}^2$，对拍摄的硬币图像进行像素区域分割提取，提取效果如图 5-24 所示。

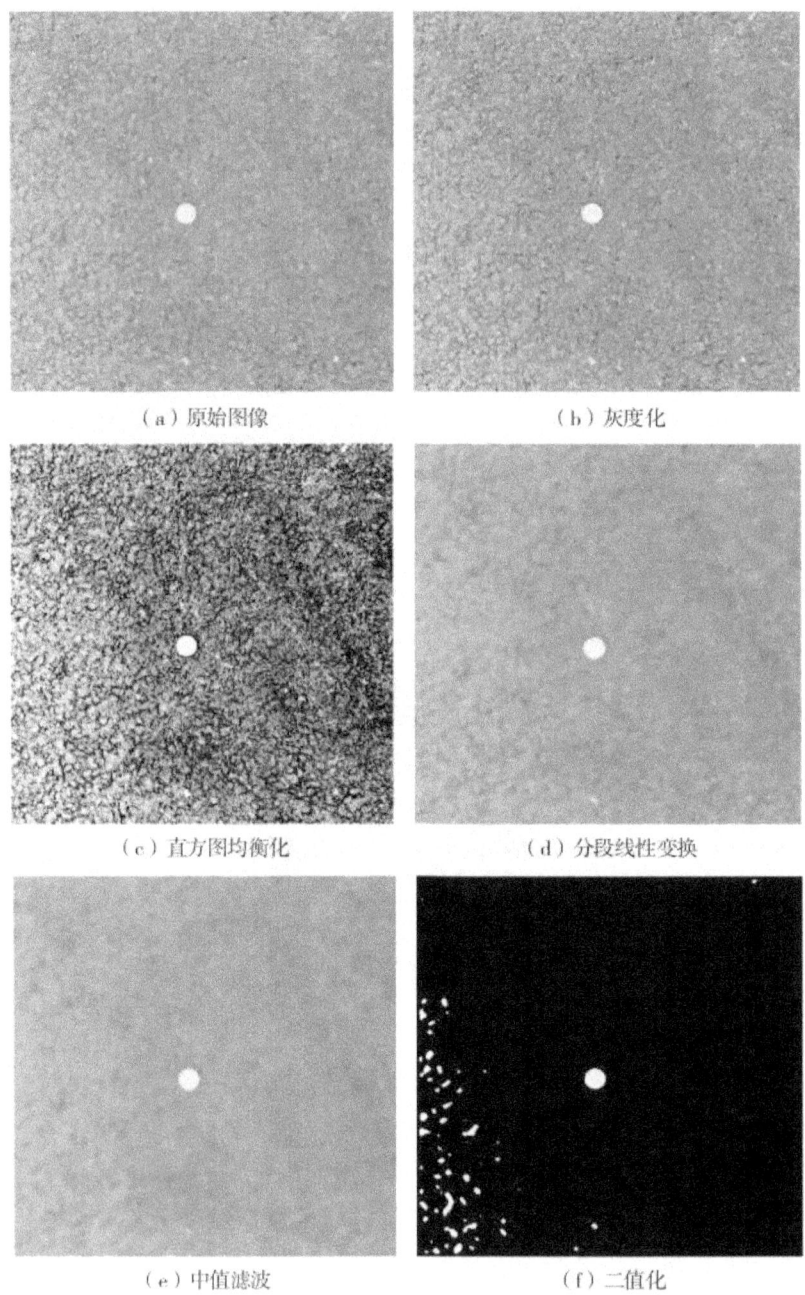

(a) 原始图像　　(b) 灰度化
(c) 直方图均衡化　　(d) 分段线性变换
(e) 中值滤波　　(f) 二值化

(g) 连通域阈值

图 5-24 参照物像素区域提取

(4) 计算一元硬币在拍摄图像中的像素面积为 $s_2 = 908$ 像素，由此可以得到此时的放大倍率如式（5-13）所示。

$$\beta = \frac{S_2}{s_2} = \frac{490.6}{908} = 0.54 \text{ mm}^2/\text{像素}。 \quad (5-13)$$

(5) 由裂缝区域像素面积 s_1、放大倍率 β，可得裂缝实际面积 S_1 如式（5-14）所示。

$$S_2 = s_2 \times \beta = 4543 \times 0.54 = 2454.62 \text{ mm}^2。 \quad (5-14)$$

对于块状裂缝、龟裂等网状裂缝，其裂缝影响面积即为裂缝最小外接矩形面积，与本书裂缝定位锚框所框选区域的面积相同。因此，网状裂缝像素面积的计算可转化为网状裂缝锚框所框选区域像素面积的计算，进而根据放大倍率求出实际影响面积。而对于横向裂缝、纵向裂缝其影响面积为裂缝长度乘以 0.2 m。因此，条状裂缝影响面积需要在裂缝区域轮廓提取的基础上，计算裂缝相应物理参数。

（二）裂缝实际宽度计算

对于裂缝提取二值图像，裂缝实际宽度计算[103]中的方法，利用循环语句遍历图像中的每个点,并将所有像素点表示为(i,k)。其中,i代表像素点行数($i=1,2,3,\cdots$),k代表像素点列数($k=1,2,3,\cdots$),裂缝宽度计算具体步骤如下。

(1)裂缝像素宽度计算简图如图5-25所示,遍历第k列像素点,确定该列裂缝上下边缘处像素点对应的行数$A(k)$、$C(k)$,则可以求出裂缝在该列对应的像素行数$D(k)$如式(5-15)所示。

$$D(k) = |A(k) - C(k)|。 \quad (5-15)$$

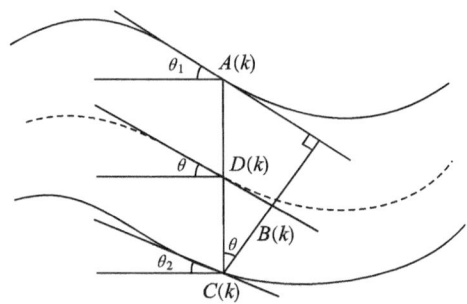

图5-25 裂缝像素宽度计算简图

(2)裂缝上边缘像素如图5-26所示,裂缝上边缘在第$k+1$列和第$k-1$列分别对应行数$A(k+1)$、$A(k-1)$,则第k列像素裂缝上边缘对应倾角θ_1如式(5-16)、式(5-17)所示。

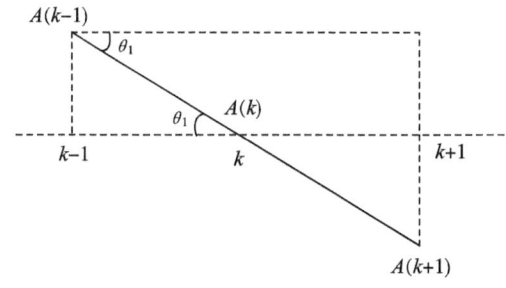

图5-26 裂缝上边缘第$k-1$、k、$k+1$列像素

$$\tan\theta_1 = \frac{|A(k-1) - A(k+1)|}{(k+1) - (k-1)}, \qquad (5-16)$$

$$\theta_1 = \arctan\left[\frac{|A(k-1) - A(k+1)|}{2}\right]。 \qquad (5-17)$$

同理可得，第 k 列像素裂缝下边缘对应倾角 θ_2 如式（5-18）所示。

$$\theta_2 = \arctan\left[\frac{|C(k-1) - C(k+1)|}{2}\right]。 \qquad (5-18)$$

（3）由第 k 列像素裂缝上、下边缘倾角 θ_1、θ_2，可得裂缝中心轴线倾角 θ 如式（5-19）所示。此时，可将第 k 列像素处裂缝整体倾角近似看作 θ，即 $\theta_1 = \theta_2 = \theta$。

$$\theta = \frac{\theta_1 + \theta_2}{2}。 \qquad (5-19)$$

（4）第 k 列像素裂缝宽度 $B(k)$ 如式（5-20）所示。

$$B(k) = D(k) \times \cos\theta。 \qquad (5-20)$$

（5）遍历图像各列像素，计算并记录各列像素的裂缝宽度 $B(1)$，$B(2), B(3), \cdots, B(k)$，从而计算平均裂缝宽度 B 如式（5-21）所示。

$$B = \frac{B(1) + B(2) + B(3) + \cdots + B(k)}{k}。 \qquad (5-21)$$

（三）裂缝实际长度计算

由上述方法通过计算得到了裂缝实际面积 S 及裂缝平均宽度 B，裂缝实际长度 L 可近似计算方法如式（5-22）所示。

$$L = \frac{S}{B}。 \qquad (5-22)$$

该方法简单、快速且直接，但由于各数值误差叠加，部分图像裂缝长度计算结果可能会与实际测量值相差较大，精确度难以满足要求。因此，本书采用裂缝骨架提取方法来计算裂缝长度 L，主要包括裂缝骨架提取和毛刺剔除两部分。

1. 裂缝骨架提取

裂缝骨架是将裂缝宽度压缩到单像素宽度，去除裂缝多余的轮廓特征信息，从而能够直接、清晰地展现出裂缝的走向信息和拓扑结构。目前常用的骨架提取方法中，Hilditch 方法处理过程较为烦琐、复杂，计算速度较慢；Rosenfeld 方法计算速度较快，但容易发生裂缝断裂的情况；Zhang-Suen 迭代细化算法较为简单、快速，并且能够较好地保留图像前景特征[104]。因此，本书采用 Zhang-Suen 算法进行沥青路面裂缝骨架提取。

本书所需处理的二值图像，裂缝区域像素值为 255，背景区域像素值为 0，对于一个像素点 P_1 按照八邻域概念，将位于其正上方的像素点记为 P_2，周围其他像素点按顺时针记为 P_3、P_4、P_5、P_6、P_7、P_8、P_9[105]，像素点八邻域布置如图 5-27 所示。

P_9	P_2	P_3
P_8	P_1	P_4
P_7	P_6	P_5

图 5-27　像素点八邻域

Zhang-Suen 迭代细化算法通过遍历所有裂缝像素点 P_1，判断该像素点是否满足如下条件：

（1）条件一：在 P_1 的八邻域像素点中，裂缝像素点的个数 N 满足 $2 \leqslant N \leqslant 6$；

（2）条件二：在 P_1 的八邻域像素点顺时针的排序中（P_2、P_3、P_4、P_5、P_6、P_7、P_8、P_9、P_2），只发生一次相邻像素点的像素值由 0 变

为 255；

（3）条件三：P_2、P_4、P_6 中至少有一个背景像素，且 P_4、P_6、P_8 中至少有一个背景像素；

（4）条件四：P_2、P_4、P_8 中至少有一个背景像素，且 P_2、P_6、P_8 中至少有一个背景像素。

选出同时满足条件一、条件二、条件三的裂缝像素点，以及同时满足条件一、条件二、条件四的裂缝像素点，将这两类像素点都转化为背景像素点，裂缝骨架提取效果如图 5-28 所示。

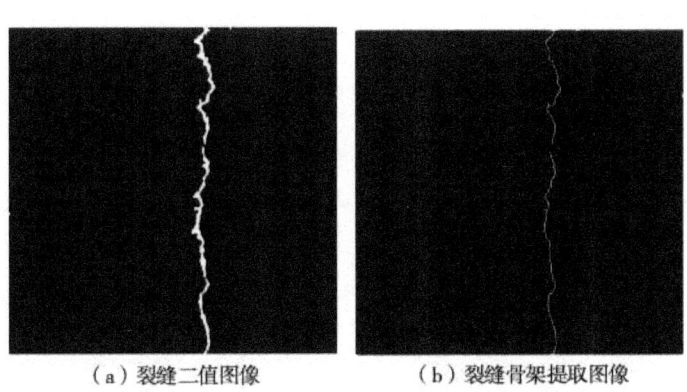

（a）裂缝二值图像　　　　（b）裂缝骨架提取图像

图 5-28　Zhang-Suen 算法裂缝骨架提取效果

2. 裂缝骨架毛刺剔除

对于裂缝骨架提取图像，还存在大量如图 5-29（a）所示的裂缝毛刺问题，为了避免对后续裂缝长度计算产生影响，本书基于像素点八邻域概念，通过连通域阈值法对裂缝骨架毛刺进行剔除，具体步骤如下：

（1）遍历所有裂缝像素点 P_1，统计 P_1 的八邻域中裂缝像素点个数，若个数大于 2 则记录此时 P_1，并将 P_1 的像素值转换为 0；

（2）P_1 转换为背景区域后，会出现大量裂缝分支连通域，分别计算每个连通域像素点个数；

（3）设定合适的阈值，将像素点数低于该阈值的连通域删除；

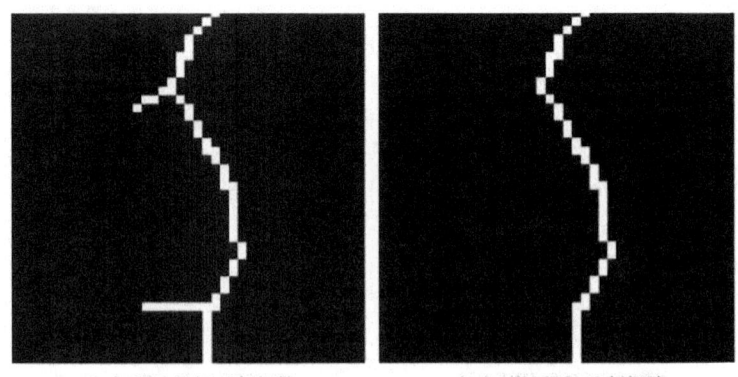

(a) 裂缝骨架毛刺细节　　　　(b) 裂缝骨架毛刺提除

图 5-29　裂缝骨架毛刺剔除

(4) 遍历转换为背景区域的所以像素点，若像素点 P_1 的八邻域内裂缝像素点个数大于 1，则将该像素点的像素值由 0 恢复为 255。

连通域阈值法处理效果如图 5-29（b）所示，该方法利用了裂缝毛刺分支连通域像素点较少的特点，能够在有效剔除裂缝毛刺的同时，消除连通域区分后遗漏的孤立噪点。遍历毛刺剔除后的裂缝骨架二值图像，此时的裂缝像素点个数即为裂缝像素长度 l。因此，裂缝实际长度 L 计算方法如式（5-23）所示。

$$L = l \times \beta 。 \qquad (5-23)$$

（四）网状裂缝块度计算

对于块状裂缝以及龟裂等网状裂缝，损坏程度的判断不仅需要参照裂缝宽度，还需要参照裂缝块度。因此，本书参照方法[106]来近似计算裂缝块度，步骤如下：

(1) 对块状裂缝及龟裂图像进行裂缝区域提取，获得裂缝骨架图像；

(2) 遍历裂缝骨架图像所有像素点，统计第 j 列所有像素点 (x, y)，并将第 j 列相邻像素点的纵坐标 y_1、y_2、y_3 等两两作差，得到相邻纵坐标之间的差值 H_1、H_2、H_3 等；

（3）同理，统计第 i 行所有像素点 (x, y)，并将第 i 行相邻像素点的横坐标 x_1、x_2、x_3 等两两作差，得到相邻横坐标之间的差值 W_1、W_2、W_3 等；

（4）取 $H(H_1、H_2、H_3 等)$ 与 $W(W_1、W_2、W_3 等)$ 中的最大值，记为裂缝块度 k，即 $k = max(maxH, maxW)$；

（5）k 为网状裂缝的像素块度，裂缝的实际块度 K 计算方法如式（5-24）所示。

$$K = k \times \beta 。 \tag{5-24}$$

九、图像处理示例

总结上述图像处理方法，对沥青路面裂缝图像进行分割提取，从而计算裂缝实际参数，具体图像处理示例如图 5-30 所示。

其中，图 5-30（a）为原始图像；图 5-30（b）为图像灰度化效果图，删除色彩信息，减少图片参数，提高处理速度；图 5-30（c）为图像直方图均衡化效果图，提高图像对比度的同时突出裂缝细节特征信息；图 5-30（d）为分段线性灰度变换效果图，进一步提升裂缝区域对比度和清晰度，增强感兴趣区域的裂缝灰度细节并抑制不感兴趣区域的灰度级；图 5-30（e）为图像经过模板大小为 9×9 的中值滤波效果图，在保留裂缝细节信息的同时，过滤大部分沥青集料间隙噪声；图 5-30（f）为图像经过 Sauvola 算法二值化效果图，过滤掉部分噪声区域的同时，将图像转换为二值图像能够进一步增强图像对比度并提升图像处理速度；图 5-30（g）为连通域阈值效果图，在不影响裂缝区域细节信息的前提下滤除全部噪声，完成裂缝区域分割提取；图 5-30（h）为提取裂缝骨架效果图，将裂缝宽度压缩到单像素，去除裂缝多余的轮廓信息；图 5-30（i）为裂缝毛刺剔除图像，在有效剔除裂缝毛刺的同时，消除连通域区分后遗漏的孤立噪点。

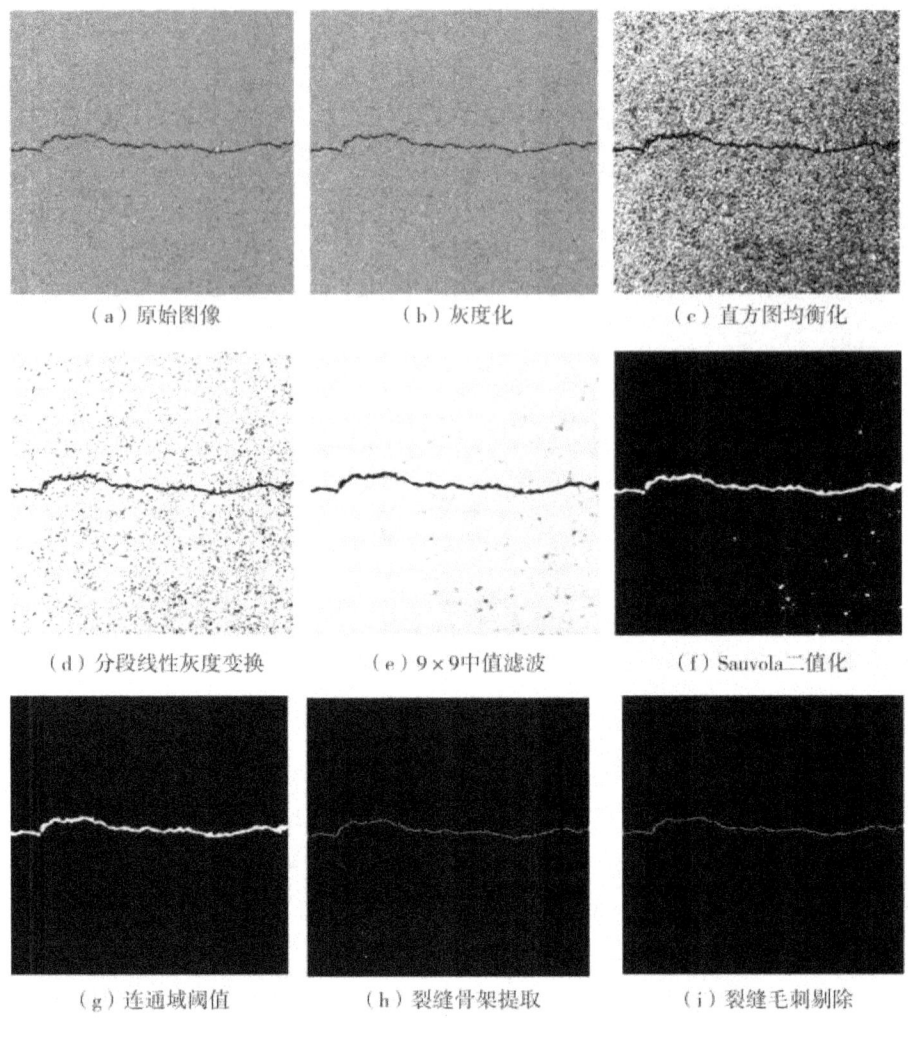

图 5-30 图像处理示例

十、本章小结

本章主要介绍了基于图像处理的沥青路面裂缝分割提取方法。首先,介绍了沥青路面裂缝图像主要存在的噪声种类,包括高斯噪声、均匀噪声、椒盐噪声，以及沥青集料间隙噪声；其次，介绍了基于空间域的图像增强方法，包括图像灰度化、直方图均衡化、图像灰度变换、图像平滑滤波、图像二值化等；再次，介绍了3种基于裂缝二值图像的裂缝区域提取方法，并从裂缝吻合度及像素面积误差两方面进行了分析评估，确定出局部阈值+连通域阈值的方法；最后，提出通过裂缝骨架提取及毛刺剔除计算裂缝实际特征参数，包括裂缝影响面积、宽度、长度，以及块度等。

第六章 裂缝检测系统的构建

目前,基于深度学习或图像处理的沥青路面裂缝检测研究,大多是以提升裂缝检测准确率、提高裂缝检测速度或优化裂缝提取效果为主要目标,但对于沥青路面裂缝的实际检测工作难以提供直接帮助,缺乏工程应用性。因此,本书通过建立窗口化系统来整合并调用前文研究成果,实现沥青路面裂缝的识别分类、目标定位、分割提取并自动输出裂缝物理参数,为裂缝检测工作提供直接帮助。

一、系统开发环境

本书的沥青路面裂缝检测系统具体开发环境如表6-1所示。

表6-1 系统开发环境

系统开发环境	类型	参数
硬件环境	CPU	12th Gen Intel(R) Core(TM) i7-12700 2.10 GHz
	GPU	NVDIA GeForce RTX 3080
	核心数/线程数	10核心/16线程
	RAM	32.00 GB

续表

系统开发环境	类型	参数
软件环境	操作系统	Windows 10
	开发语言	Python
	依赖库	Open CV
	开发工具	Pycharm

二、系统设计

本书裂缝检测系统流程如图6-1所示，裂缝检测系统主要包括图像输入、图像处理、结果输出3部分。其中，第一部分为图像输入，可通过加载本地图像或调用摄像头实时拍摄来输入待检测图像；其次导入参照物图像，并输入参照物实际面积；第二部分为图像处理。首先，对输入图像进行分类，分为含有裂缝图像和不含裂缝图像两类；其次，将含有裂缝的图像进行裂缝锚框定位，框选出裂缝在图中的位置；最后，通过对框选出的裂缝区域进行图像处理，分割提取清晰裂缝轮廓，并可以查看图像处理细节；第三部分为结果输出，计算并输出各类裂缝数量信息、裂缝参数信息，以及路面裂缝破损率，最终在系统窗口呈现。

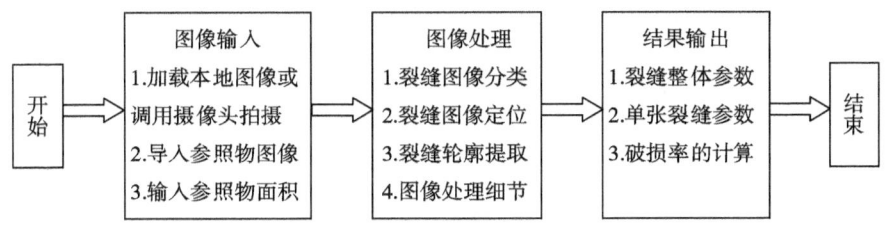

图6-1 裂缝检测系统流程

三、系统具体应用界面

结合裂缝检测工作的需求及前文研究成果，设计沥青路面裂缝检测窗口化系统，该系统图像输入界面如图 6-2 所示。首先，可以通过浏览本地图片或文件夹来加载待检测图像，还可以通过调用摄像头进行图像实时拍摄，并且加载的本地图像或摄像头拍摄的图像都会在界面右侧的图像浏览区域显示，可供浏览或实时拍摄；其次，需要导入参照物图像，并手动输入参照物实际面积，从而根据预设公式计算放大倍率；最后，图像输入完成后可以点击"开始图像处理"按钮，进入图像处理部分查看详细图像处理过程图像。如果不需要查看图像处理过程图，可以点击"一键输出图像参数"按钮，跳过图像处理部分直接进入结果输出部分查看图像参数，节省操作时间。

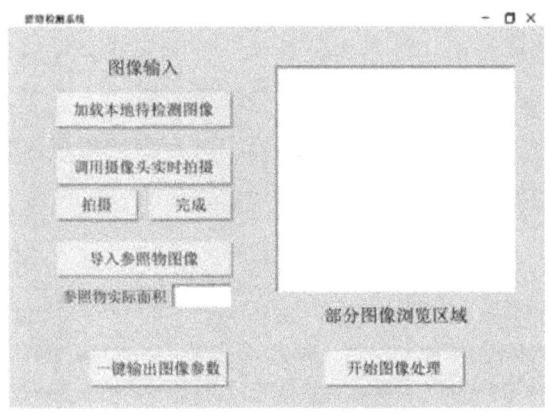

图 6-2　图像输入部分

图像处理部分界面如图 6-3 所示，该部分首先基于改进 GoogLeNet 将待检测沥青路面图像分为包含裂缝图像和不含裂缝图像；其次，将含有裂缝的图像基于改进 YOLOv5s 的裂缝定位功能，通过锚框将图像中的裂缝框选定位；最后，基于图像处理的裂缝轮廓提取功能，将框选出的裂缝图像转换成裂缝骨架二值图像。其中，裂缝轮廓提取部分可以点击"显示轮廓提取细节"按钮，查看图像处理的详细流程及具体图示，图像处理细节界面如图6-3（b）所示，处理流程包括灰度化、直方图均衡化、分段线性变换、中值滤波、灰度反转、二值化、连通域阈值、骨架提取、毛刺剔除等，每张图像的处理流程图会显示在图像浏览区域中，以供查看和保存。

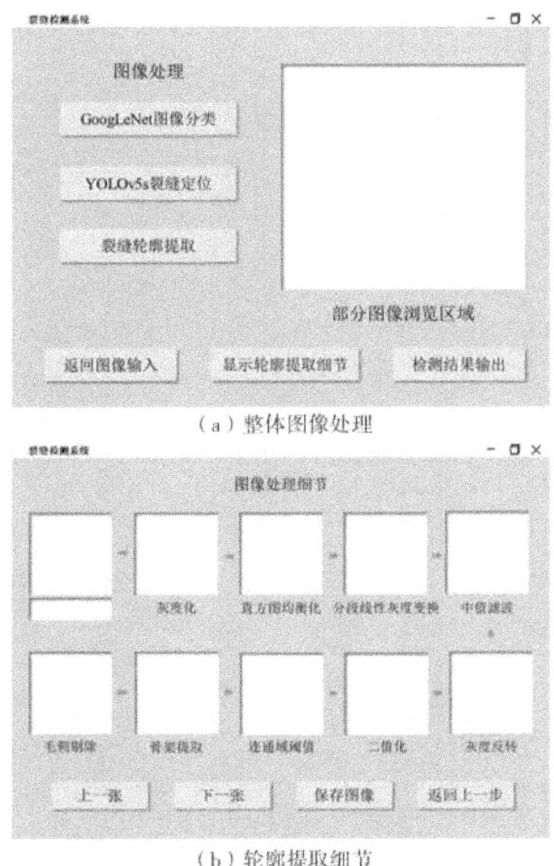

图6-3　图像处理部分

在图像处理完成后，便可进入如图6-4所示的裂缝参数输出部分，

图 6-4（a）为裂缝整体参数输出部分，包括参照物的面积信息、图像放大倍率、各类裂缝的数量，以及各类裂缝的相关参数。其中，条状裂缝相关参数包括裂缝的平均长度、平均宽度，以及平均面积，网状裂缝相关参数包括裂缝的平均块度、平均宽度，以及平均面积。在得到所有图像的整体检测结果后，点击"单张结果输出"按钮，可进入如图 6-4（b）所示界面查看单张图像参数。该界面可以浏览每张图片的原始图像及经过图像处理后的裂缝提取图像，根据图像信息判断裂缝类型，并输出该裂缝相应参数信息、损坏程度，以及相应权重 w。

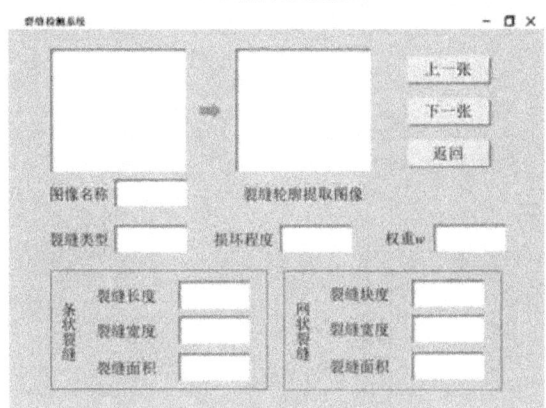

(a) 整体参数输出

(b) 单张裂缝参数

图 6-4 结果输出部分

在整体裂缝检测结果界面,点击"裂缝破损率计算"按钮,可进入如图 6-5 所示界面进行路面裂缝破损率的计算。在界面左侧会自动显示各类裂缝在不同损坏程度下的影响面积,在界面右侧输入检测路段的长度(以 1000 m 为基本单位)、宽度信息,即可自动输出检测路段面积,从而根据预设公式计算得到路面裂缝破损率 DR。

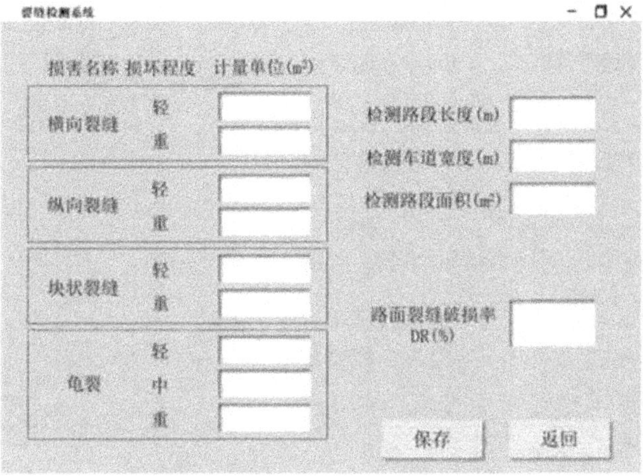

图 6-5 路面裂缝破损率计算

四、裂缝检测系统实际应用

(一)路面裂缝破损率评估

沥青路面裂缝破损率 DR 如式(6-1)所示。

$$DR = 100 \times \frac{\sum_{i=1}^{i_0} w_i A_i}{A} \ 。 \tag{6-1}$$

其中,A 为检测路段面积,A_i 为第 i 类路面裂缝损坏总面积,i_0 为裂缝损坏类型数,i 为路面裂缝损坏类型,w_i 为第 i 类路面裂缝损坏的权重换算系数，具体参照数值如表6-2所示。

表6-2 沥青路面裂缝检测权重换算系数

裂缝类型	损坏程度	判断标准	计量单位/m²	权重w_i（人工调查）	权重w_i（自动化检测）
龟裂	轻	裂缝块度0.2~0.5 m，裂缝宽度<2 mm	面积	0.6	1.0
	中	裂缝块度<0.2 m，裂缝宽度2~5 mm		0.8	
	重	裂缝块度<0.2 m，裂缝宽度>5 mm		1.0	
块状裂缝	轻	裂缝块度>1.0 m，裂缝宽度1~2 mm	面积	0.6	1.0
	重	裂缝块度0.5~1.0 m，裂缝宽度>2 mm		0.8	
横向裂缝	轻	裂缝宽度≤3 mm	裂缝长度×0.2 m	0.6	2.0
	重	裂缝宽度>3 mm		1.0	
纵向裂缝	轻	裂缝宽度≤3 mm	裂缝长度×0.2 m	0.6	2.0
	重	裂缝宽度>3 mm		1.0	

（二）系统应用

为测试本书裂缝检测系统的实际应用性，选取山东省烟台市S304省道龙口市内某路段，按照相应要求进行路面裂缝图像拍摄，并将获取的待检测图像输入路面裂缝检测系统，测试界面如图6-6所示。

第六章 裂缝检测系统的构建

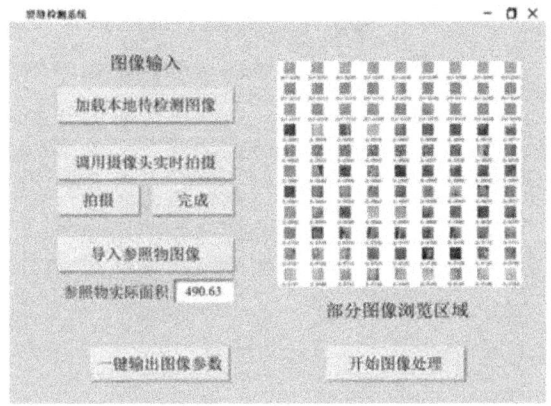

（a）加载本地图像

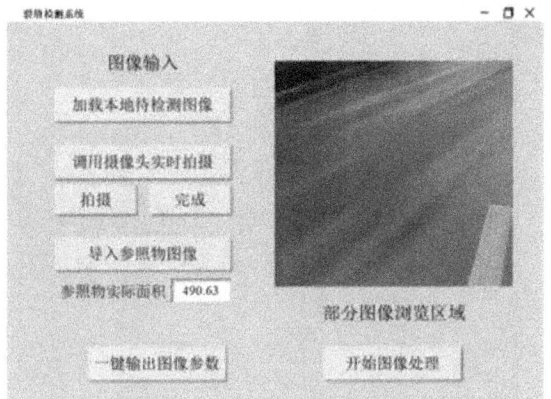

（b）调用摄像头拍摄

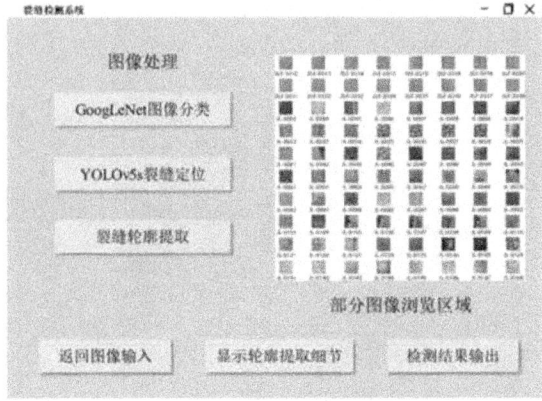

（c）图像分类定位

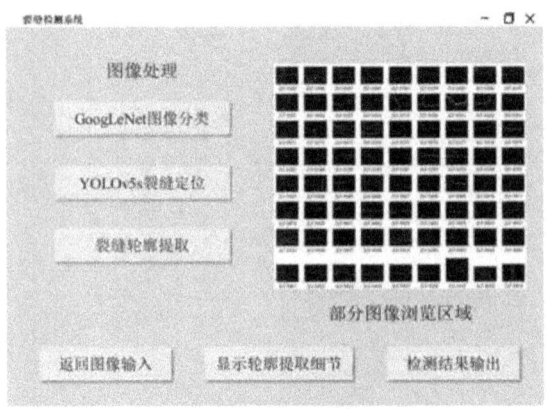

(d) 裂缝轮廓提取

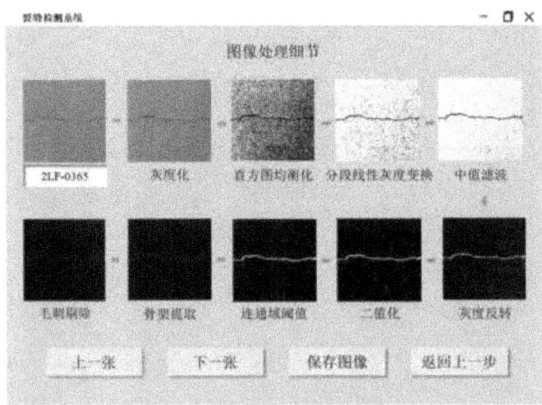

(e) 图像处理细节

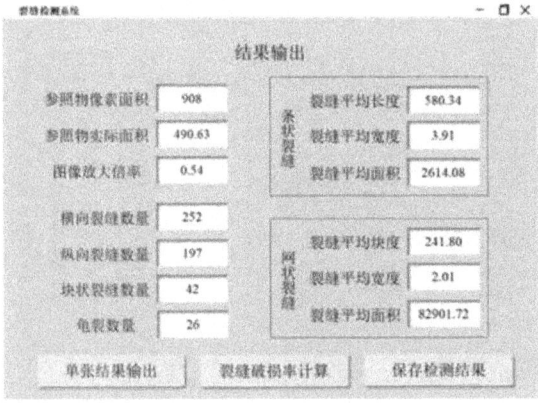

(f) 整体检测结果输出

第六章 裂缝检测系统的构建   121

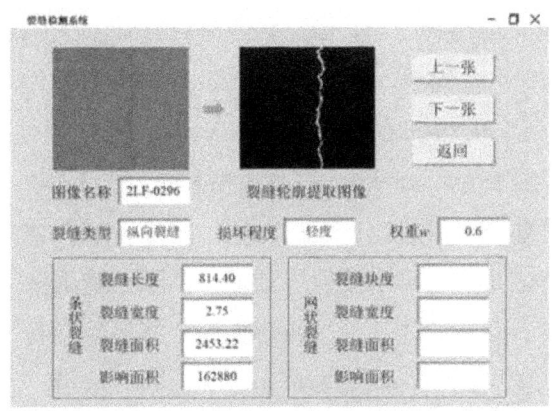

(g) 单张图像检测结果输出

(h) 路面裂缝破损率计算

图 6-6　裂缝检测系统应用示例

其中,图 6-6 (a)、图 6-6 (b) 分别为加载本地图像和调用摄像头实时拍摄两种方式进行待检测图像输入,同时导入参照物图像,并手动输入参照物实际面积 490.63 mm^2；图 6-6 (c) 中图像分别经过改进 GoogLeNet 图像分类处理及改进 YOLOv5 裂缝定位处理,处理后的图像会显示在图像浏览区域；图 6-6 (d) 中的图像浏览区域显示的是经过裂缝轮廓提取后的图像,均为裂缝二值图；图 6-6 (e) 为图像处理细节界面,展示了每幅图像经过图像处理各个环节的过程图,可供浏览及保存；图 6-6 (f) 为裂缝图像整体检测结果输出界面。首先,通过参照物的像素面积及实际面积计算图像放大倍率 β 为 0.54 mm²/像素；其次，统计出待检测图像中横向裂缝共计 252 条，纵向裂缝共计 197 条，块状裂缝共计 42 条，龟裂共 26 条；最后，输出条状裂缝的平均长度为 580.34 mm、平均宽度 3.91 mm、平均面积为 2614.08 mm²，网状裂缝的平均块度为 241.80 mm、平均宽度为 2.01 mm、平均面积为 82 901.72 mm²；图 6-6（g）为单张裂缝图像检测结果输出界面。首先，图像浏览区域显示的是每张裂缝图像的原始图像及裂缝提取图像。其次，判断裂缝类型，若为条状裂缝则显示裂缝长度、宽度、面积，以及影响面积等参数，若为网状裂缝则显示裂缝块度、宽度、面积，以及影响面积等参数；最后，系统会根据预设值判断裂缝损坏程度并输出计算权重；图 6-6（h）为路面裂缝破损率计算界面，在界面左侧会显示统计出的各类型裂缝在不同损坏程度下的影响面积，而后在界面右侧手动输入检测路段的长度为 2000 m、宽度为 3.5 m，即可得到该检测路段的面积，并根据预设公式计算得到路面裂缝破损率 DR 为 3.34%。

五、本章小结

本章主要介绍了沥青路面裂缝检测系统的建立。首先，介绍了裂缝检测系统的开发环境，包括硬件环境及软件环境；其次，介绍了裂缝检测系统的设计流程及操作界面，主要分为图像输入、图像处理、结果输出 3 部分；最后，介绍了裂缝检测系统的实际应用，并进行了系统应用示例展示。

第七章 总结与展望

一、研究总结

本书主要分为以下几个部分。

（1）针对目前沥青路面裂缝公共数据集数量少、质量低的问题，本书构建了沥青路面裂缝数据集。首先，制定了沥青路面图像采集方案，包括图像采集方式、图像采集种类、图像采集路段等；其次，对采集图像进行图像增广，包括旋转变换、镜像翻转、亮度变换、噪声扰动等，并将得到沥青路面图像划分为训练集、验证集、测试集；最后，使用 LabelImg 标注软件对数据集图像中的病害区域进行标注。

（2）针对 GoogLeNet 图像识别模型对沥青路面裂缝识别速度较慢的问题，提出了 GoogLeNet 模型的改进方案，并通过设计正交实验确定了 6 个 Inception 模块、无辅助分类器，以及 ReLU + Leaky ReLU 激活函数的最佳模型组合，对改进 GoogLeNet 模型测试结果表明，其检测速度和精度都得到了提升。

（3）针对 YOLOv5s 目标检测模型对沥青路面裂缝检测准确率较低的问题，提出 YOLOv5s 模型改进方案，包括使用 K-means ++ 聚类算法重新聚类裂缝数据集锚框、在模型的 Prediction 部分添加 CBAM 注意力模块、采用 CIoU_Loss 函数作为模型损失函数，并通过对比实验及消融实验证明了改进模型检测性能的提升。

（4）结合本书 GoogLeNet 图像识别模型及 YOLOv5s 目标检测模型各自的特点，提出了 GoogLeNet + YOLOv5s 先筛分后定位的检测方法，并通过实验证明该方法能够在一定程度上提升裂缝检测精度。

（5）针对目前基于深度学习的裂缝分割提取方法局限性较强的问题，提出了基于图像处理的沥青路面裂缝分割提取方法，包括图像灰度化、直方图均衡化、分段线性变换、中值滤波、Sauvola 二值化、连通域阈值等，并通过裂缝骨架提取图像及毛刺剔除图像获得裂缝实际面积、宽度、长度，以及块度等特征参数。

（6）针对目前基于深度学习及图像处理的沥青路面裂缝检测方法缺乏工程应用性，且对于沥青路面裂缝的实际检测工作难以提供直接帮助的问题，通过建立窗口化系统来整合并调用前文研究成果，为沥青路面裂缝检测工作提供直接、准确的裂缝参数信息。

二、主要创新点

（1）提出了一种基于深度学习沥青路面裂缝识别定位方法。首先，通过采用 6 个 Inception 模块、无辅助分类器，以及 ReLU + Leaky ReLU 激活函数等方式，构建改进 GoogLeNet 图像分类模型；其次，通过采用 K-means ++ 算法重新聚类裂缝数据集锚框、在模型的 Prediction 部分添加 CBAM 注意力模块、采用 CIoU_Loss 模型损失函数等方式，构建改进 YOLOv5s 目标检测模型；最后，结合两种改进模型提出 GoogLeNet + YOLOv5s "先筛分后定位" 的沥青路面裂缝检测方式。

（2）提出一种基于图像处理的沥青路面裂缝分割提取方法。首先，通过图像灰度化、直方图均衡化、分段线性变换、中值滤波、Sauvola 二值化，以及连通域阈值等方法提取裂缝轮廓；其次，通过 Zhang-Suen 细化算法以及连通域阈值法进行沥青路面裂缝骨架提取和毛刺剔除；最后，通过裂缝轮廓提取图像，以及裂缝骨架图像计算裂缝的实际面积、宽度、块度及长度等物理参数。

三、问题展望

对于沥青路面裂缝检测工作，本书提出了"筛分裂缝图像、裂缝锚框定位、裂缝分割提取、裂缝参数获取"的检测方法，通过实验证明该方法有着较高的准确率及较快的检测速度，并通过建立沥青路面裂缝检测系统实现了沥青路面裂缝的自动化检测。但在研究过程中发现了一些问题，并对这些问题未来的研究方向做出了展望。

（1）本书的检测方法仅针对路面裂缝病害，且基于深度学习的图像识别和目标检测技术在块状裂缝与龟裂的块度差距较小时无法对二者进行区分。因此，可以在后续研究中进一步改进检测模型，完善对于网状裂缝块度大小的检测及区分，同时可以结合车辙、沉陷、坑槽、波浪拥抱等其他路面病害特点，采集各类病害图像进行模型的改进、训练和测试，拓展可检测病害的类型。

（2）本书所提出的沥青路面裂缝检测方法对视频文件中的裂缝只能进行识别定位，而无法对其进行分割提取。因此，在后续的研究中可以通过对视频进行逐帧截取，并按照裂缝纹理吻合度进行拼接，获得完整裂缝长图，从而实现裂缝完整轮廓的提取。

（3）本书所提出的沥青路面裂缝检测系统，由于无权限封闭道路进行路面裂缝破损率的实际工程检测，从而无法进行实际工程对比实验。因此，可以在后续研究中与企、事业单位合作，获取路面裂缝的实际工程检测结果，验证本书系统检测结果的可靠性、准确率。

参考文献

[1] ALI L, ALNAJJAR F, PARAMBIL M M A, et al. Development of YOLOv5-Based Real-Time Smart Monitoring System for Increasing Lab Safety Awareness in Educational Institutions [J]. Sensors, 2022, 22 (22): 8820.

[2] CANESTRARI F, INGRASSIA L P. A review of top-down cracking in asphalt pavements: Causes, models, experimental tools and future challenges [J]. Journal of Traffic and Transportation Engineering, 2020, 7 (5): 541-572.

[3] CAO C Q, WANG B, ZHANG W H, et al. An Improved Faster R-CNN for Small Object Detection [J]. IEEE Access, 2019 (7): 106838-106846.

[4] CHEN B H, MIAO X R. Correction to: Distribution Line Pole Detection and Counting Based on YOLO Using UAV Inspection Line Video [J]. Journal of Electrical Engineering & Technology, 2020, 15 (1): 441-448.

[5] CHEN Z Y, WU R H, LIN Y Y, et al. Plant Disease Recognition Model Based on Improved YOLOv5 [J]. Agronomy, 2022, 12 (2): 365.

[6] CUI M, LIU Y, WANG Y, et al. Identifying the Acoustic Source via MFF-ResNet with Low Sample Complexity [J]. Electronics, 2022, 11 (21): 3578.

[7] DANG X B. Application of 3D Laser Scanning Technology in Monitoring

Deformation of Port Trail [J]. IOP Conference Series: Earth and Environmental Science, 2021 (783): 012151.

[8] DEREICH S, KASSING S. On minimal representations of shallow ReLU networks [J]. Neural Networks, 2022, 148: 121-128.

[9] DING F, ZHUANG Z, LIU Y, et al. Detecting Defects on Solid Wood Panels Based on an Improved SSD Algorithm [J]. Sensors, 2020, 20 (18): 5315.

[10] GIRSHICK R, DONAHUE J, DARRELL T, et al. Rich feature hierarchies for accurate object detection and semantic segmentation [J]. IEEE Conference on Computer Vision and Pattern Recognition, 2014, 81 (1): 580-587.

[11] GRÉGOIRE G, TOURNAT V, MOUNIER D, et al. Nonlinear photothermal and photoacoustic processes for crack detection [J]. The European Physical Journal Special Topics, 2008, 153 (1): 313-315.

[12] GÜNDÜZ M Ş, IŞIK G. A new YOLO-based method for real-time crowd detection from video and performance analysis of YOLO models [J]. Journal of Real-Time Image Processing, 2023 (20): 5.

[13] HAN Z, CHEN H, LIU Y, et al. Vision-Based Crack Detection of Asphalt Pavement Using Deep Convolutional Neural Network [J]. Iranian Journal of Science and Technology-Transactions of Civil Engineering, 2021, 45 (3): 1-9.

[14] HE D, LI K, CHEN Y, et al. Obstacle detection in dangerous railway track areas by a convolutional neural network [J]. Measurement Science and Technology, 2021, 32 (10): 105401-1-105401-9.

[15] HE K M, ZHANG X Y, REN S Q, et al. Spatial Pyramid Pooling in Deep Convolutional Networks for Visual Recognition [J]. IEEE Transactions on Pattern Analysis & Machine Intelligence, 2015, 37 (9): 1904-1916.

[16] HU Z, YIN Z, QIN L, et al. A Novel Method of Fault Diagnosis for In-

jection Molding Systems Based on Improved VGG16 and Machine Vision [J]. Sustainability, 2022, 14 (21): 14280.

[17] HUANG S, LIU Q. Addressing Scale Imbalance for Small Object Detection with Dense detector [J]. Neurocomputing, 2022 (473): 68-78.

[18] HUANG Z, JIANG X, WU F, et al. An Improved Method for Ship Target Detection Based on YOLOv4 [J]. Applied Sciences, 2023, 13 (3): 1302.

[19] KASPER-EULAERS M, HAHN N, BERGER S, et al. Detecting Heavy Goods Vehicles in Rest Areas in Winter Conditions Using YOLOv5 [J]. Algorithms, 2021, 14 (4): 114.

[20] KAYA G U, SARAÇ Z. Crack Detection by Optical Voice Recorder Based on Digital Holography [J]. Photonic Sensors, 2019, 9: 327-336.

[21] KIM J, CHO J. A Set of Single YOLO Modalities to Detect Occluded Entities via Viewpoint Conversion [J]. Applied Sciences, 2021, 11 (13): 6016.

[22] KIN J H, KIN N, PARK Y W, et al. Object Detection and Classification Based on YOLO-V5 with Improved Maritime Dataset [J]. Journal of Marine Science and Engineering, 2022, 10 (3): 377.

[23] KRISHNADAS P, CHADAGA K, SAMPATHILA N, et al. Classification of Malaria Using Object Detection Models [J]. Informatics, 2022, 9 (4): 76.

[24] KRIZHEVSKY A, SUTSKEVER I, HINTON G E. ImageNet Classification with Deep Convolutional Neural Network [J]. Advance in Neural Information Processing System, 2012, 25 (2): 016276.

[25] KUMAR A, SOLANKI S S, CHANDRA M. Stacked auto-encoders based visual features for speech/music classification [J]. Expert Systems with Applications, 2022, 208 (12): 118014.1-118041.16.

[26] KUMAR S, AHMED R, BHARANY S, et al. Exploitation of Machine

Learning Algorithms for Detecting Financial Crimes Based on Customers' Behavior [J]. Sustainability, 2022, 14 (21): 13875.

[27] KWON J, KWON S. Human Detection using Improved YOLOv2: Images Captured by the UAV [J]. Journal of Engineering and Applied Sciences, 2019, 14 (1): 3946-3949.

[28] LAKOMSKI M, TOSIK G, NIEDZIELSKI P. Optical Fiber Sensor for PVC Sheet Piles Monitoring [J]. Electronics, 2021, 10 (13): 1604.

[29] LEE H, CHO S. Image Restoration Network with Adaptive Channel Attention Modules for Combined Distortions [J]. Journal of the Korea Computer Graphics Society, 2019, 25 (3): 1-9.

[30] LECUN Y, BOTTOU L, BENGIO Y. Gradient-based learning applied to document recognition [J]. Proceedings of the IEEE, 1998, 86 (11): 2278-2324.

[31] LI R, WU Y P. Improved YOLO v5 Wheat Ear Detection Algorithm Based on Attention Mechanism [J]. Electronics, 2022, 11 (11): 1673.

[32] LIU S, HAN Y, XU L. Recognition of road cracks based on multi-scale Retinex fused with wavelet transform [J]. Array, 2022, 15: 100193.

[33] TORBAGHAN M E, LI W, METJE N, et al. Automated detection of cracks in roads using ground penetrating radar [J]. Journal of Applied Geophysics, 2020, 179 (1): 1-12.

[34] MATHEW M P, MAHESH T Y. Leaf-based disease detection in bell pepper plant using YOLO v5 [J]. Signal, Image and Video Processing, 2022, 16: 841-847.

[35] MITATE E, INOUE K, SATO R, et al. Application of the sliding window method and Mask-RCNN method to nuclear recognition in oral cytology [J]. Diagnostic Pathology, 2022, 17: 62.

[36] NAGARAJU C, NARAYANA R K, MALLIKARIJUNA R K. Application of 3D wavelet transforms for crack detection inrotor systems [J]. Sadha-

na, 2009, 34 (3): 407-419.

[37] NEPAL U, ESLAMIAT H. Comparing YOLOv3, YOLOv4 and YOLOv5 for Autonomous Landing Spot Detection in Faulty UAVs [J]. Sensors, 2022, 22 (2): 464.

[38] OTHMANI M. A vehicle detection and tracking method for traffic video based on faster R-CNN [J]. Multimedia Tools and Applications, 2022, 81 (20): 28347-28365.

[39] PREMACHANDRA C, PREMACHANDRA H W H, PARAPE C D, et al. Road crack detection using color variance distribution and discriminant analysis for approaching smooth vehicle movement on non-smooth roads [J]. International Journal of Machine Learning and Cybernetics, 2015 (6): 545-553.

[40] RAMEZANPOUR R, GHAYOUR M, ZIAEI-RAD S. A novel method for slant crack detection in rotors based on turning in two directionsp [J]. Archive of Applied Mechanics, 2013, 83 (5): 783-798.

[41] RANI S, GHAI D, KUMAR S. Object detection and recognition using contour based edge detection and fast R-CNN [J]. Multimedia Tools and Applications, 2022, 81 (29): 42183-42207.

[42] RAWAT W, WANG Z H. Deep Convolutional Neural Networks for Image Classification: A Comprehensive Review [J]. Neural Computation, 2017, 29 (9): 2352-2449.

[43] SAMPATH S, JANG J, SOHN H. Ultrasonic Lamb wave mixing based fatigue crack detection using a deep learning model and higher-order spectral analysis [J]. International Journal of Fatigue, 2022 (163): 107028.

[44] SATO H, ISE T. Predicting global terrestrial biomes with the LeNet convolutional neural network [J]. Geoscientific Model Development, 2022, 15 (7): 3121-3122.

[45] SEKAR A, PERUMAL V. Automatic road crack detection and classifica-

tion using multi-tasking faster RCNN [J]. Journal of Intelligent & Fuzzy Systems, 2021, 41 (6): 6615-6628.

[46] SHI Y, CUI L M, QI Z Q, et al. Automatic road crack detection using random structured forests [J]. IEEE Transactions on Intelligent Transportation Systems, 2016, 17 (12): 3434-3445.

[47] SHIOMOTO K. Network Intrusion Detection System Based on an Adversarial Auto-Encoder with Few Labeled Training Samples [J]. Journal of Network and Systems Management, 2023, 31 (1): ARTN5-22.

[48] SHIRAHATA H, MIKI C, YAMAGUCHI R, et al. Fatigue crack detection by the use of ultrasonic echo height change with crack tip opening [J]. Welding in the World, 2014 (58): 681-690.

[49] SHU Z, YAN Z, XU X. Pavement Crack Detection Method of Street View Images Based on Deep Learning [J]. Journal of Physics: Conference Series, 2021 (1952): 022043.

[50] TIAN G, LI D, LI W, et al. A detection method of the turned white belly fish based on improved SSD [J]. Journal of Physics: Conference Series, 2021 (1856): 012035.

[51] TIAN L L, WANG Z D, LIU W B, et al. An improved generative adversarial network with modified loss function for crack detection in electromagnetic nondestructive testing [J]. Complex & Intelligent Systems, 2022 (8): 467-476.

[52] TRAN T S, TRAN V P, LEE H J, et al. A two-step sequential automated crack detection and severity classification process for asphalt pavements [J]. International Journal of Pavement Engineering, 2022, 23 (5/6): 2019-2033.

[53] WANG F, ZHANG S, TAN Z J. Non-destructive crack detection of preserved eggs using a machine vision and multivariate analysis [J]. Wuhan University Journal of Natural Sciences, 2017 (22): 257-262.

[54] WANG P F, HUANG H M, WANG M Q, et al. YOLOv5s-FCG: An Im-

proved YOLOv5 Method for Inspecting Riders' Helmet Wearing [J]. Journal of Physics: Conference Series, 2021 (2024): 012059.

[55] WANG Q, WANG D J, SU X Y. Crack detection of structure for plane problem with spatial wavelets [J]. Acta Mechanica Sinica, 1999 (15): 39-51.

[56] WANG Z, WU L, LI T, et al. A Smoke Detection Model Based on Improved YOLOv5 [J]. Mathematics, 2022, 10 (7): 1190.

[57] WEI Q F, LI H, LUO C S, et al. Small sample and efficient crop pest recognition method based on transfer learning and data transformation [J]. Journal of Computational Methods in Sciences and Engineering, 2022, 22 (5): 1697-1709.

[58] WEI W Y, TAO H, CHEN W X, et al. Automatic recognition of micronucleus by combining attention mechanism and AlexNet [J]. BMC Medical Informatics and Decision Making, 2022 (22): 138.

[59] WU W T, LIU H, LI L L, et al. Application of local fully Convolutional Neural Network combined with YOLO v5 algorithm in small target detection of remote sensing image [J]. PLOS ONE, 18 (9): e0291288.

[60] XIAO S. Image texture feature clustering analysis based on niblack algorithm [J]. IPPTA: Quarterly Journal of Indian Pulp and Paper Technical Association, 2018 (30): 500-506.

[61] XU Y, KHAN N M, REHMAN H, et al. Research on Leakage Detection at the Joints of Diaphragm Walls of Foundation Pits Based on Ground Penetrating Radar [J]. Sustainability, 2022, 15 (1): 506.

[62] XU X Y, ZHAO M, SHI P X, et al. Crack Detection and Comparison Study Based on Faster R-CNN and Mask R-CNN [J]. Sensors, 2022, 22 (3): 1215.

[63] XUE Q, LIN H F, WANG F. FCDM: An Improved Forest Fire Classification and Detection Model Based on YOLOv5 [J]. Forests, 2022, 13 (12): 2129.

[64] XUE Z Y, XU R J, BAI D, et al. YOLO-Tea: A Tea Disease Detection Model Improved by YOLOv5 [J]. Forests, 2023, 14 (2): 415.

[65] YANG F, ZHANG L, YU S J, et al. Feature pyramid and hierarchical boosting network for pavement crack detection [J]. IEEE Transactions on Intelligent Transportation Systems, 2019, 21 (4): 1525-1535.

[66] YANG N, ZHANG Z K, YANG J H, et al. A Convolutional Neural Network of GoogLeNet Applied in Mineral Prospectivity Prediction Based on Multi-source Geoinformation [J]. Natural Resources Research, 2021, 30 (6): 3905-3923.

[67] YANG Z W, YAN H P, LI Y, et al. A Novel Inclined Excitation Method for Crack Detection of Non-Ferromagnetic Materials Using Eddy Current Thermography [J]. Strength of Materials, 2019 (51): 558-568.

[68] YU L, QIAN M B, CHEN Q, et al. An Improved YOLOv5 Model: Application to Mixed Impurities Detection for Walnut Kernels [J]. Foods, 2023, 12 (3): 624.

[69] ZHANG D, QU S, HE L, et al. Automatic ridgelet image enhancement algorithm for road crack image based on fuzzy entropy and fuzzy divergence [J]. Opticsand Lasers in Engineering, 2009, 47 (11): 1242-1249.

[70] ZHANG H, HUA J D, LIN J, et al. Damage localization with Lamb waves using dense convolutional sparse coding network [J]. Structural Health Monitoring, 2023, 22 (2): 1180-1192.

[71] ZHANG S F, XIE Y L, WAN J, et al. WiderPerson: A Diverse Dataset for Dense Pedestrian Detection in the Wild [J]. IEEE Transactions on Multimedia, 2020, 22 (2): 380-393.

[72] ZHANG Y. A Novel Non-maximum Suppression Strategy via Frame Bounding Box Smooth for Video AerobicsTarget Location [J]. Sensing and Imaging, 2022, 23 (1): 29-44.

[73] ZHOU J C, JIANG P, ZOU A R, et al. Ship Target Detection Algorithm

Based on Improved YOLOv5 [J]. Journal of Marine Science and Engineering, 2021, 9 (8): 908.

[74] ZHOU Y, WANG H P, XU F, et al. Polarimetric SAR Image Classification Using Deep Convolutional Neural Networks [J]. IEEE Geoscience and Remote Sensing Letters, 2016, 13 (12): 1935-1939.

[75] ZOU Q, CAO Y, LI Q, et al. CrackTree: Automatic crack detection from pavement images [J]. Pattern Recognition Letters, 2012, 33 (3): 227-238.

[76] 安冬, 胡荣华, 王丽艳, 等. 基于Transformer的陶瓷轴承表面缺陷检测方法 [J]. 组合机床与自动化加工技术, 2024 (2): 160-163+168.

[77] 包腾飞, 赵津磊, 阎培林, 等. 一种新型大量程裂缝光纤传感器 [J]. 中国科学: 技术科学, 2015 (9): 984-990.

[78] 蔡敏, 荣嵘. 基于数学形态学的小孔光斑中心测量方法 [J]. 激光杂志, 2020, 41 (9): 52-56.

[79] 曹军峰, 丁庆海, 罗海波. 基于空间非一致模糊核标定的红外图像超分辨率重建方法 [J]. 红外与激光工程, 2024, 53 (2): 20230252.

[80] 晁东. 基于图像处理与深度学习的齿轮轴零件视觉识别方法研究 [D]. 济南: 山东大学, 2023.

[81] 陈瀚, 雷亮, 朱锦相, 等. 递归投影融合对比机制的少样本目标检测方法 [J]. 计算机工程与设计, 2024, 45 (2): 508-515.

[82] 陈辉东, 丁小燕, 刘艳霞. 基于深度学习的目标检测算法综述 [J]. 北京联合大学学报, 2021, 35 (3): 39-46.

[83] 陈健昌, 张志华. 融于图像多特征的路面裂缝智能化识别 [J]. 科学技术与工程, 2021, 21 (24): 10491-10497.

[84] 陈伟华. 基于卷积神经网络的路面裂缝检测研究 [D]. 广州: 广东工业大学, 2022.

[85] 程文科. 基于深度卷积神经网络的路面裂缝检测方法研究 [D]. 重庆: 重庆邮电大学, 2021.

[86] 封筠, 赵颖, 毕健康, 等. 多级卷积神经网络的沥青路面裂缝图像层次化筛选 [J]. 图学学报, 2021, 42 (5): 719-728.

[87] 高海涛, 朱超涵, 张天棋, 等. 基于深度学习的无锚框目标检测算法综述 [J]. 机床与液压, 2024, 52 (1): 202-209.

[88] 高淑萍, 赵清源, 齐小刚, 等. 改进 MobileNet 的图像分类方法研究 [J]. 智能系统学报, 2021, 16 (1): 11-20.

[89] 郭士礼, 许磊, 李修忠. 探地雷达在公路路面变形沉降检测中的应用 [J]. 地球物理学进展, 2018, 33 (3): 1213-1217.

[90] 郭永坤, 朱彦陈, 刘莉萍, 等. 空频域图像增强方法研究综述 [J]. 计算机工程与应用, 2022, 58 (11): 23-32.

[91] 胡晋山, 康建荣, 张琪, 等. 一种八邻域图像边界追踪改进算法 [J]. 测绘通报, 2018 (12): 21-25.

[92] 黄泽贤, 吴凡路, 傅瑶, 等. 基于深度学习的遥感图像舰船目标检测算法综述 [J]. 光学精密工程, 2023, 31 (15): 2295-2318.

[93] 季长清, 高志勇, 秦静, 等. 基于卷积神经网络的图像分类算法综述 [J]. 计算机应用, 2022, 42 (4): 1044-1049.

[94] 贾继德, 沈杨, 徐彩莲. 基于 MCKD-HED-CNN 的连杆轴承故障诊断 [J]. 车用发动机, 2024 (1): 86-92.

[95] 姜基露. 基于深度学习的岩石薄片图像岩性识别研究 [D]. 大庆: 东北石油大学, 2023.

[96] 姜烊. 混凝土裂缝图像识别算法的精度研究 [D]. 重庆: 重庆交通大学, 2022.

[97] 金昌胜, 王海瑞. 基于关系挖掘的跨模态行人重识别 [J]. 空军工程大学学报, 2024, 25 (1): 106-114.

[98] 雷斯达, 林杰, 黄思璐, 等. 基于改进 YOLOv3 网络对混凝土表面裂缝目标识别研究 [J]. 公路, 2024 (1): 270-275.

[99] 李清泉, 邹勤, 张德津. 利用高精度三维测量技术进行路面破损检测 [J]. 武汉大学学报 (信息科学版), 2017, 42 (11): 1549-1564.

[100] 李帅, 侯德华, 高杰, 等. 基于数学形态学的路面裂缝图像处理技术 [J]. 公路工程, 2018, 43 (2): 270-274.

[101] 李文静. 图像识别中小样本学习方法与模型轻量化研究 [D]. 合肥: 中国科学技术大学, 2021.

[102] 林建吾, 张欣, 陈孝玉龙, 等. 基于轻量化卷积神经网络的番茄病害图像识别 [J]. 无线电工程, 2022, 52 (8): 1347-1353.

[103] 林杰, 王发赢, 姚艳春, 等. 基于 GoogLeNet 的玉米籽粒破损及霉变在线辨识方法 [J]. 中国农机化学报, 2023, 44 (10): 87-92.

[104] 刘开培, 李博强, 秦亮, 等. 深度学习目标检测算法在架空输电线路绝缘子缺陷检测中的应用研究综述 [J]. 高电压技术, 2023, 49 (9): 3584-3595.

[105] 柳坤鹏, 刘连起, 李元锴, 等. 基于递归图和 GoogLeNet 模型的锂离子电池的历史滥用回溯 [J]. 电力科学与工程, 2023, 39 (9): 20-27.

[106] 刘奇锋. 基于卷积神经网络的轨道伤损智能检测算法研究与应用 [D]. 北京: 北京建筑大学, 2022.

[107] 卢小平, 张航, 张冬梅, 等. 一种基于无人机影像的迭代二值化道路裂缝检测方法 [J]. 河南理工大学学报 (自然科学版), 2019, 38 (6): 55-59.

[108] 马嘉斌. 基于图像处理的桥梁裂缝识别与测量方法研究 [D]. 北京: 北京交通大学, 2023.

[109] 南晓虎, 丁雷. 深度学习的典型目标检测算法综述 [J]. 计算机应用研究, 2020, 41 (S02): 15-21.

[110] 齐杨. 隧道裂纹图像处理与分类识别算法研究 [D]. 南京: 南京信息工程大学, 2022.

[111] 乔攀, 潘存治, 张萌萌. 基于 YOLOv5 和 U2-Net 的高铁桥梁裂缝智能检测方法研究 [J]. 石家庄铁道大学学报 (自然科学版), 2023, 36 (4): 102-107+119.

[112] 任冬伟, 王旗龙, 魏云超, 等. 视觉弱监督学习研究进展 [J].

中国图像图形学报，2022，27（6）：1768-1798.

[113] 阮海清. 基于图像识别与处理的绝缘子憎水性等级判定方法研究[D]．广州：华南理工大学，2019.

[114] 沈俊凯，张令心，朱柏洁. 基于卷积神经网络的钢箱梁裂缝检测算法研究[J]．世界地震工程，2023，39（4）：77-85.

[115] 史运涛，任鹏，李书钦，等. 基于长短期记忆神经网络的重大活动中鲜（冻）肉制品铅含量风险预测[J]．食品安全质量检测学报，2022，13（7）：2326-2333.

[116] 司梦元，韩达光，郭杰明，等. 基于三维激光扫描点云的道路路面变形分析方法[J]．科学技术与工程，2019，19（24）：386-391.

[117] 宋纯贺，李泽熙，于洪霞，等. 一种基于改进GoogLeNet的油井故障识别方法[J]．江苏科技大学学报（自然科学版），2021，35（2）：52-58.

[118] 苏忠高，刘景熙，林发明，等. 基于超声波技术的水泥混凝土裂缝深度检测[J]．福建建设科技，2019（6）：29-32.

[119] 谈杰，范乃吉，白斌，等. 高斯滤波对规则斑点图像的亚像素匹配精度影响研究[J]．中国测试，2022，48（4）：6-11.

[120] 田萱，王亮，丁琪. 基于深度学习的图像语义分割方法综述[J]．软件学报，2019，30（2）：440-468.

[121] 王磊. 基于机器视觉的路面裂缝分类与检测方法研究[D]．哈尔滨：哈尔滨工业大学，2019.

[122] 王卫东，张晨雷，胡文博，等. 基于改进Faster R-CNN和正交投影的无砟轨道板裂缝精细化测量[J]．中国铁道科学，2023，44（6）：46-56.

[123] 王新宇，翟飞阳，陈子豪，等. 基于改进Mask RCNN的散货船压载舱裂缝检测算法[J]．船舶工程，2023（S01）：326-332.

[124] 王子微. 基于Transformer网络的沥青路面裂缝筛选与分割[D]．石家庄：石家庄铁道大学，2023.

[125] 魏海斌，武少威，张启帆，等. 基于图像处理的沥青路面裂缝识别

算法研究[J]. 中外公路, 2020, 40 (4): 73-78.

[126] 吴田, 罗成军, 王申华, 等. 基于改进局部阈值分割的绝缘毯表面微缺陷的无损智能评估方法[J]. 高压电器, 2022, 58 (11): 75-81.

[127] 肖旺, 杨煜俊, 申启访, 等. 基于改进的GoogLeNet鸭蛋表面缺陷检测[J]. 食品与机械, 2021, 37 (6): 162-167.

[128] 杨杰, 张凯, 程琳, 等. 一种用于混凝土结构裂缝监测的光纤传感器[J]. 压电与声光, 2019, 41 (4): 481-484.

[129] 杨志立, 张东. 基于Kmeans++的自适应超像素投点方法[J]. 半导体光电, 2022, 43 (3): 585-591.

[130] 姚玉凯, 郭宝云, 李彩林, 等. 基于改进Deeplabv3+的桥梁裂缝分割算法研究[J]. 山东理工大学学报(自然科学版), 2024, 38 (2): 21-26.

[131] 苑霄哲. 基于数字图像处理的沥青路面裂缝图像检测算法研究[D]. 南京: 东南大学, 2020.

[132] 张晨, 陈云鹏, 王青林, 等. 基于改进YOLOv7的安全帽佩戴检测算法[J]. 信息与电脑, 2023 (14): 115-119.

[133] 张恩华, 王卫杰, 段楠, 等. 基于YOLOv5的湿润沥青路面裂缝检测[J]. 计算机科学, 2023, 50 (11): 220900155.

[134] 张锦, 屈佩琪, 孙程, 等. 基于改进YOLOv5的安全帽佩戴检测算法[J]. 计算机应用, 2022, 42 (04): 1292-1300.

[135] 张昆, 白清, 周晓旭, 等. 基于中值滤波的OFDR二维形状感知精度提升研究[J]. 电子测量与仪器学报, 2022, 36 (11): 186-192.

[136] 张旭, 董绍江, 胡小林. 基于改进YOLOv3的安全帽佩戴检测算法[J]. 机床与液压, 2022, 51 (24): 26-32.

[137] 张跃飞, 王敬飞, 陈斌, 等. 基于改进的Mask R-CNN的公路裂缝检测算法[J]. 计算机应用, 2020, 40 (Oz2): 162-165.

[138] 赵同祥, 张瑞全, 高树静, 等. 基于DN-YOLOv5遥感目标快速检测方法[J]. 电子设计工程, 2024, 32 (4): 186-189+195.

[139] 赵颖. 基于卷积神经网络的沥青路面裂缝图像筛选与分割 [D]. 石家庄：石家庄铁道大学，2021.

[140] 郑佳慧，俞晓迪，赵生妹，等. 基于均值滤波的关联成像去噪 [J]. 光学学报，2022，42（22）：49-56.

[141] 朱晨鹏，彭宏京，刘学军. 基于双注意力核化双线性网络的细粒度图像分类 [J]. 计算机工程与设计，2022，43（7）：2007-2014.

[142] 邹志华. 基于特征增强和注意力机制的小目标检测算法研究 [D]. 赣州：江西理工大学，2023.

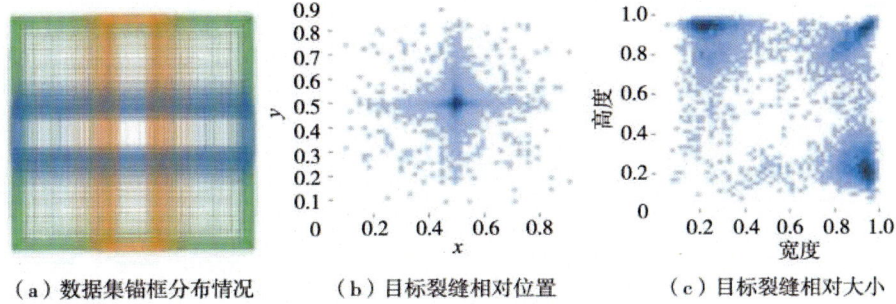

图 4-8 裂缝锚框可视化

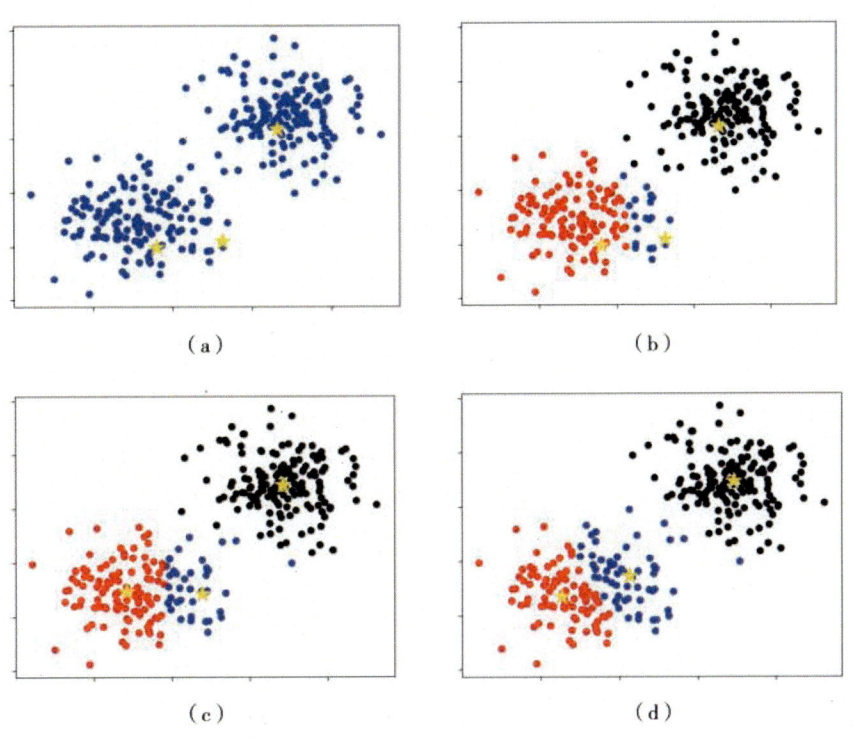

图 4-9 k-means 聚类流程示例

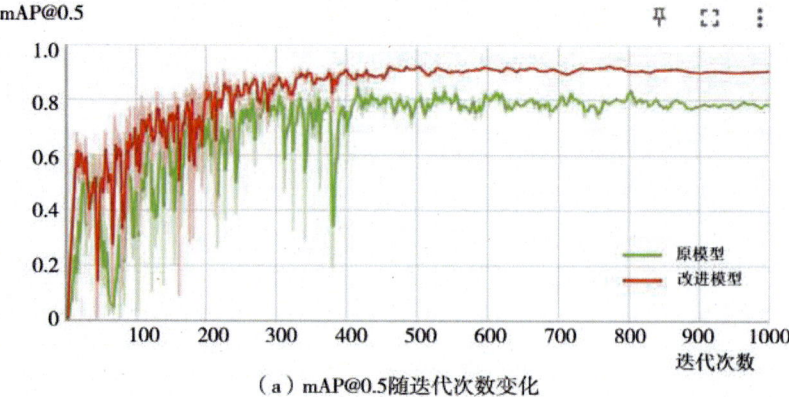

（a）mAP@0.5随迭代次数变化

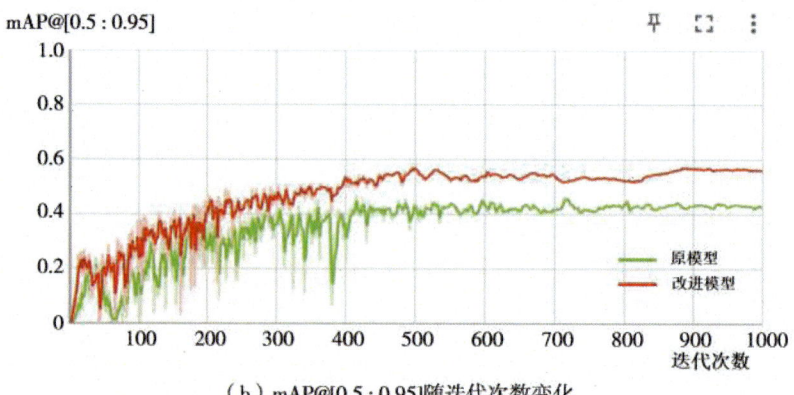

（b）mAP@[0.5∶0.95]随迭代次数变化

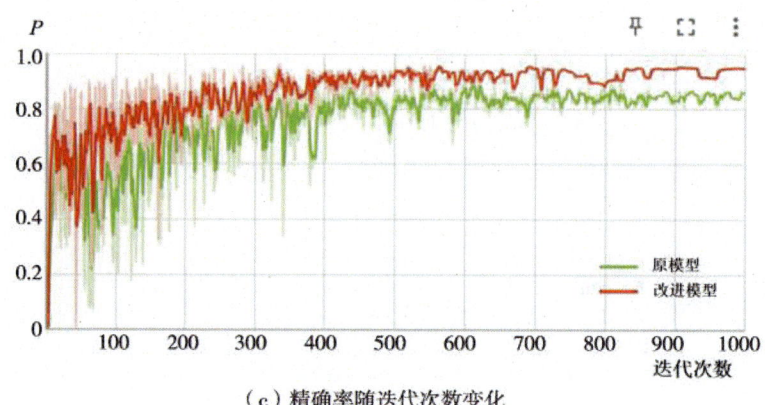

（c）精确率随迭代次数变化

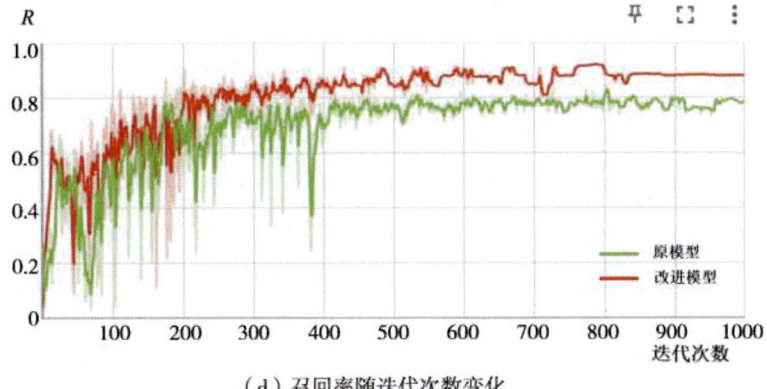

（d）召回率随迭代次数变化

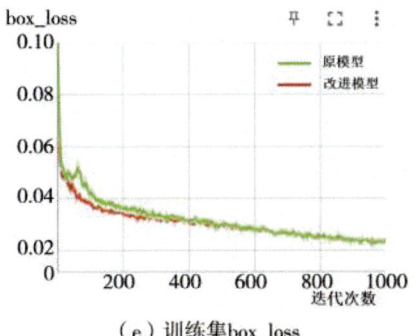

（e）训练集box_loss

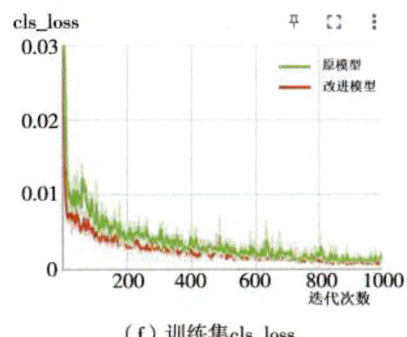

（f）训练集cls_loss

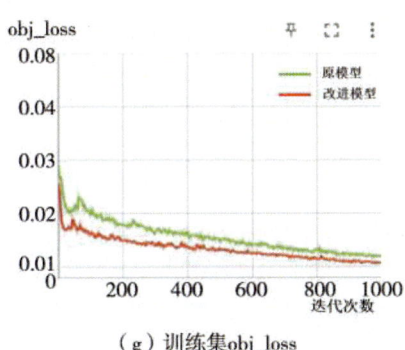

（g）训练集obj_loss

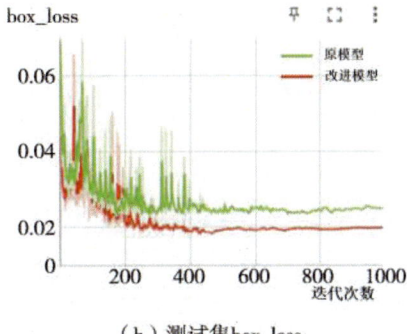

（h）测试集box_loss

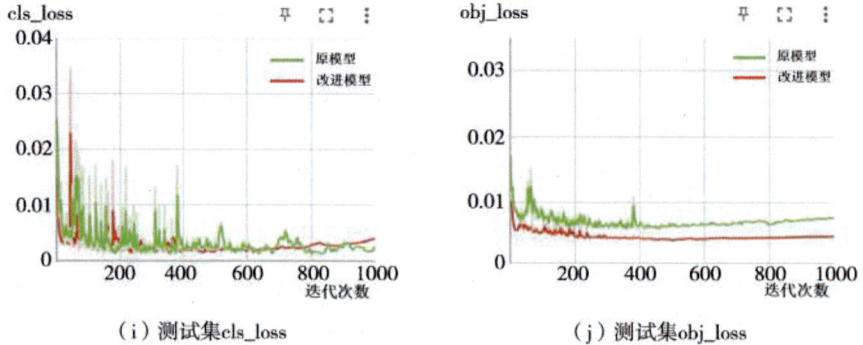

(i)测试集cls_loss　　　　　　(j)测试集obj_loss

图 4–17　YOLOv5s 原模型与改进模型迭代曲线

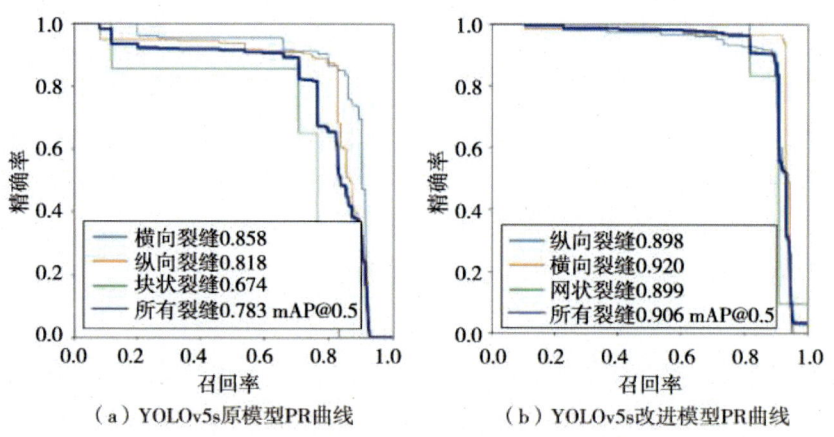

(a)YOLOv5s原模型PR曲线　　　　(b)YOLOv5s改进模型PR曲线

图 4–18　YOLOv5s 原模型与改进模型 PR 曲线

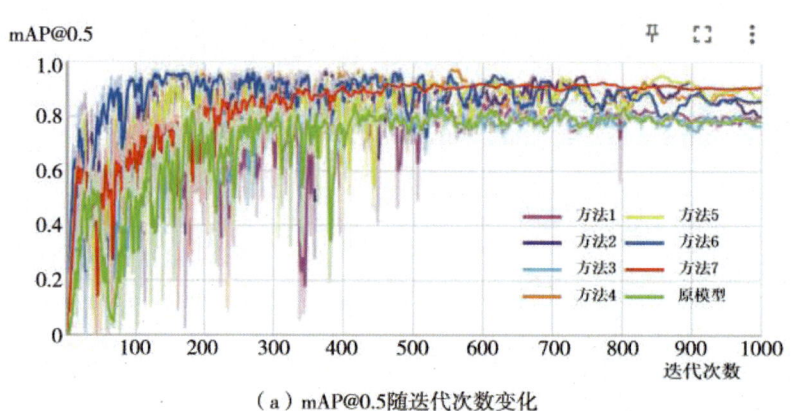

(a)mAP@0.5随迭代次数变化

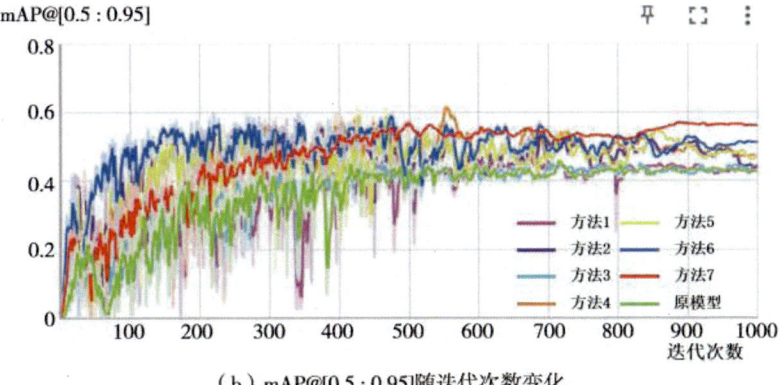

(b) mAP@[0.5∶0.95]随迭代次数变化

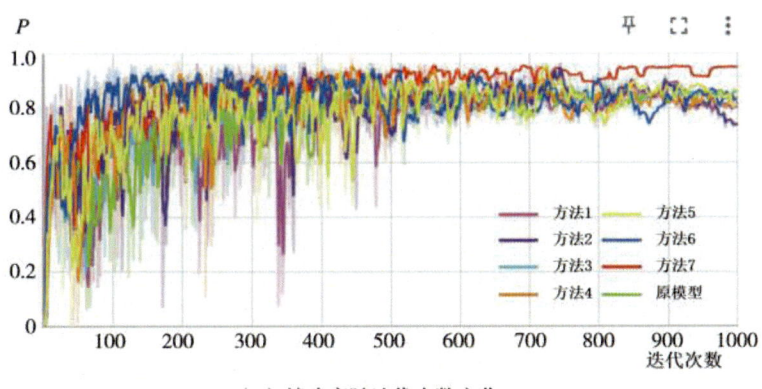

(c) 精确率随迭代次数变化

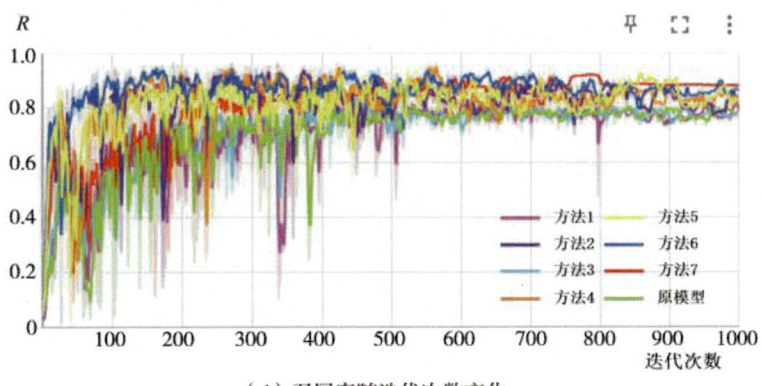

(d) 召回率随迭代次数变化

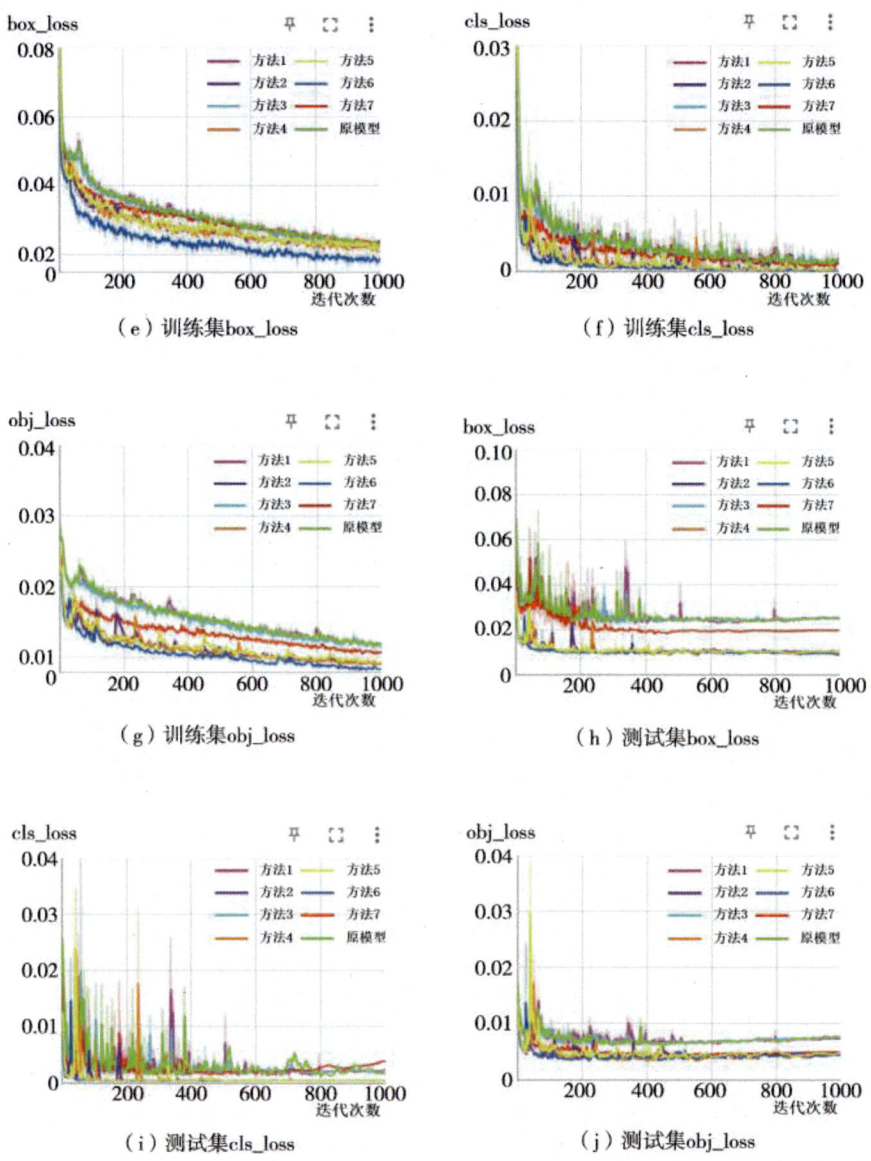

图 4-20 YOLOv5s 各改进模型迭代曲线

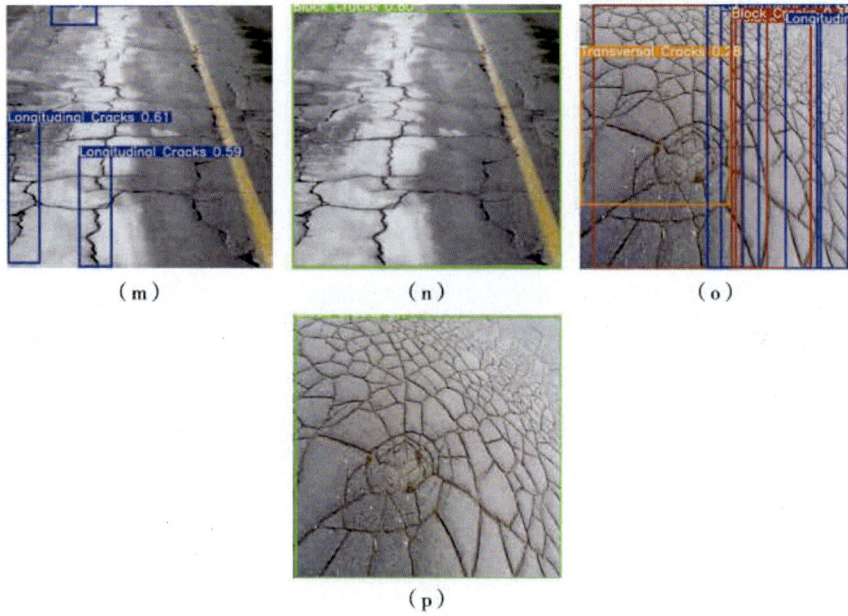

图 4-21 检测结果可视化对比

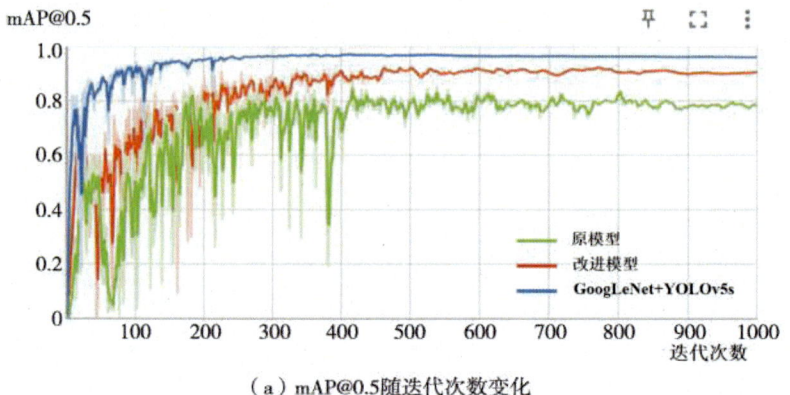

(a) mAP@0.5随迭代次数变化

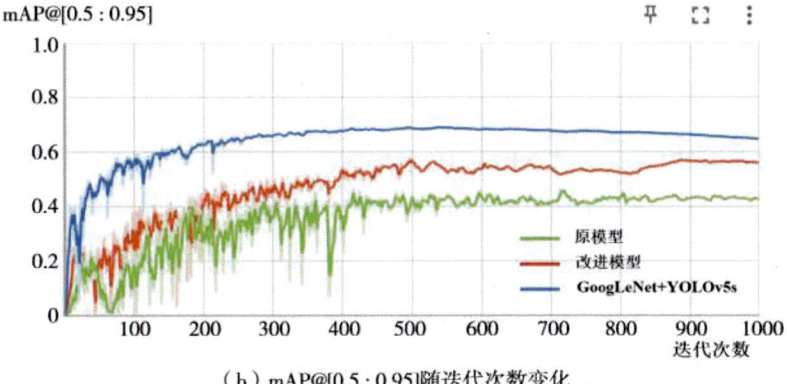

(b) mAP@[0.5:0.95]随迭代次数变化

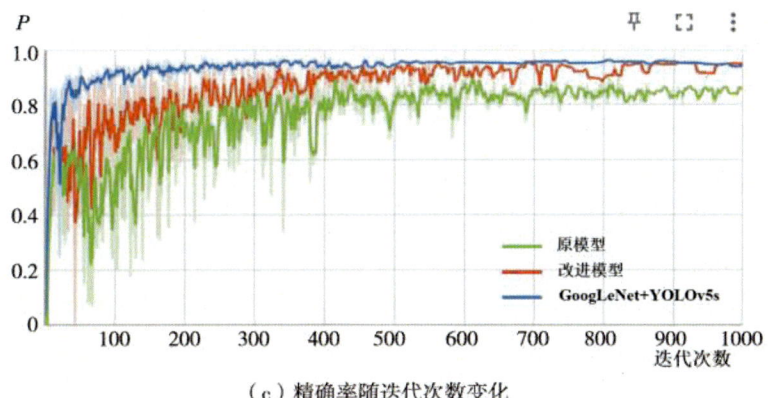

(c) 精确率随迭代次数变化

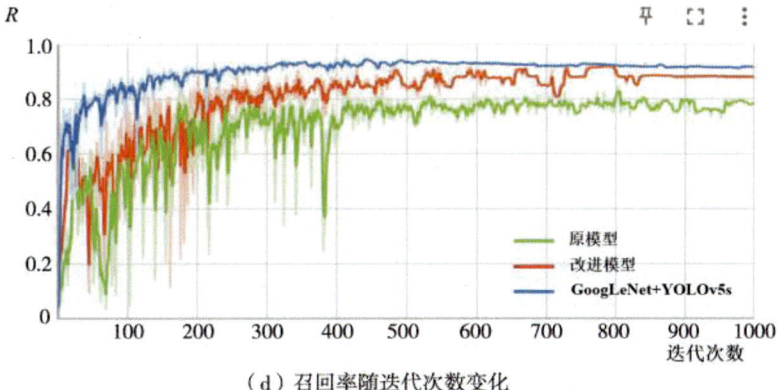

(d) 召回率随迭代次数变化

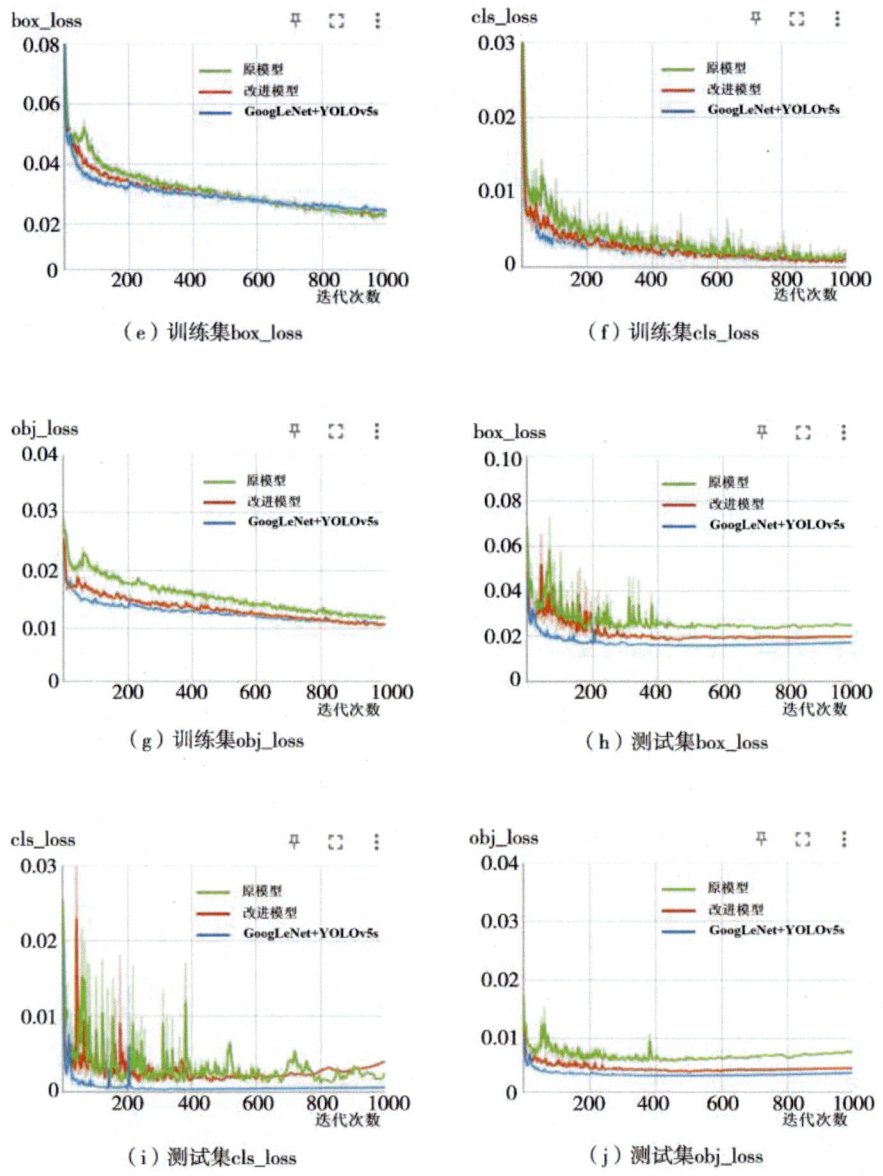

图 4-22 YOLOv5s 原模型、改进模型与 GoogLeNet + YOLOv5s 迭代曲线